佛教經典常談

渡辺照宏　著

鐘文秀、釋慈一　譯

陳一標　校訂

東大圖書公司

譯　序

渡辺照宏博士1967年出版的這本小書，名為《お經の話》，係岩波文庫版，帶點學術性，又容易理解，極適合想一窺佛教經典全貌的一般人閱讀。出版以來極受歡迎，截至目前已出版數十刷，可謂長銷且暢銷的好書。

日本佛教研究碩學三枝充悳亦曾在文章中讚賞本書，說他常常推薦學生閱讀（《仏教と西洋思想》）。我自己看完後，也覺得甚有啟發，獲益良多，暗自發願，若有機會要將它譯成中文，和大家分享。所以，當東大出版社編輯要我推薦佛教的入門書給好學深思的讀者之時，很自然就想到本書。

根據現代學術研究成果，深入淺出地論述佛教經典的相關問題，是本書的特色。看完本書，相信讀者對「何謂經」、「本乘經和小乘經的成立」、「大乘經是否為佛說」、「最主要的大乘經典其內容為何」等論題，會有更清楚、深入的理解。以此為基礎，再廣泛、深入地閱讀各經典，必定可收事半功倍之效。細細咀嚼經典的深義，也會發現經典那麼遙不可及。

慈一法師、鐘文秀小姐兩人合力完成本書的翻譯，再由我做校訂的工作，欣見本書在眾緣和合之下誕生。

佛教有所謂的三皈依：

自皈依佛　當願眾生　體解大道　發無上心
自皈依法　當願眾生　深入經藏　智慧如海
自皈依僧　當願眾生　統理大眾　一切無礙

　　一段因緣的結束，是一段因緣的開始，緣起緣滅間，但願眾生皆能善觀緣起，智慧如海。

陳一標
2002.7.16

原　序

　　我總是勸人說：如果要看書，「經」是最佳的選擇。經不僅為數甚多，內容也包羅萬象，可以說只要是有關人的問題，大概都談到了。不久前，某位前輩曾問說經典中「有殉情的故事嗎？」當時我隨即回答說：「我想沒有吧。」但是過沒幾天，就在閱讀《中阿含經》第六十卷時，發現了以下的故事：「某妻回娘家，被強迫要嫁到他處，她逃回夫家。丈夫說：『死也要死在一起』，於是就殺了妻子，而後自殺。」從此，我再也不敢斷言說：「經典裡面沒有這樣的題材。」

　　總覺得在蒐閱「大藏經」時，不斷會有出人意表的發現。天文、地理、礦物、植物、動物、生理、衛生、醫學、藥學、邏輯、心理、政治、經濟、社會、家庭、職業、風俗、習慣等有趣的話題，應有盡有。此外，也有許許多多的寓言、笑話、神話、故事，百看不厭。

　　但事實上，這是本末倒置的，「經典」的編輯並非以趣味為方針。本來的目的是要根據佛陀的教說，引導人們到達理想的狀態。因此，整部龐大的「大藏經」完全是宗教的、思想的典籍。但是，佛教並不是要將特定的教理不分青紅皂白地硬塞給對方，而是隨順不同根基給予適當的說明，因此有許許多多的教說，才有這麼多「經」的出現。佛教主張「應

病與藥」，因此不會將同一部「經」硬塞給每一個人。世界上沒有所謂的萬靈丹，也不會有獨一無二的「經典」。「存在」且適用於任何情況的事物是贗品。

　　日本平安時代末期的讀書人常常閱讀漢文的「大藏經」，作為心靈資糧，豐富自己的興趣。但自十三世紀後，文化水準趨於低下，新興諸派興起，排他的教團組織確立後，自身宗派所選的經典之外，幾乎不再閱讀其他經典，最後甚至連自宗的經典也僅供儀式之用。

　　明治大正時期，雖然也有愛讀「大藏經」的知識分子，但是一般讀者卻視之如糞土。我想帶大家一窺此至高無上的寶藏，所以才撰寫本書。雖然也參照了一些印度原典，但希望漢譯的「大藏經」可以再一次成為一般讀書人的讀物，這是我的心願。例如將漢文、按日文語序拼讀之漢文以及意譯並列，其用意即在於此。適合保留漢文作音讀者，則付上日文假名。期待愛好者好好利用。古典作品不能閱過即捨，反覆閱讀才有味道。（譯者按：按日文語序拼讀之漢文以及漢字日文讀音，中譯本省略。）

　　本書前半部對「經典」的成立與構成作一概觀，嚴格來說，是「經典概論」。在這部分也會觸及學界爭論的問題，並將重要文獻的著者名放在括弧中。除卷末「文獻指南」所揭示可立刻找到的資料外，茲舉出其特別重要者如下。

1. Przyluski, J.: *Le concile de Rājagrha*, p.434ff,Paris, 1926–1928.

2. Schayer, S.: *Buddyzm Indyjski* (Religie Wschodu, pp. 191–251), Warszawa, 1938.

3. Regamey, C.: *Buddhistische Philosophie*, p.86 ff (Bibliographische Einführungen in das Studium der Philosophie, 20/21), Bern, 1950.

4. Regamey, C.: *Le probleme du bounddhisme primitif et les derniers travaux de Stanislaw Schayer* (Rocznik Orientalistyczny, pp. 37–58), Warszawa, 1957.

5. Lamotte, É.: *Histoire du bouddhisme indien——des origines à l'ère Śaka*, p.862 ff., Louvain, 1958.

感謝高野山大學宮坂宥勝氏閱讀校訂稿並給與有益的提示，早稻田大學大鹿實和氏幫忙蒐集文獻；岩波書店編輯部岩崎勝海氏以及村山佳代子女士的協助，在此一併誌謝。

渡辺照宏

佛教經典常談

目 次

經的成立

若不從宗派的立場來思考，
佛教聖典的豐富性遠勝其他典籍。
作為宗教文學或哲學著作，
它當然具備豐富多樣的內容，
縱使在教誡、傳說、寓言、笑話、小說……等人類所有的生活面，
像佛教聖典這樣廣涉多方及且富於變化者，
確為世界文獻所僅見。

經

　　「經」在日本一般指佛教聖典，但其實質意義為何，一般人並不清楚。

　　在日本，一般人接觸到的「經」，或許是寺院法會時，僧侶們以音讀方式所誦念的漢文經文。雖然時而夾雜日文，但大都是一般人聽不懂的漢文。不僅在寺院裡，虔誠的信徒甚至也會在家中誦讀漢文的「經」。不管是僧侶或信徒，常常都只是誦讀自己所屬宗派或宗教團體所制定的「經」，且對平日所誦念的經文也不求甚解。

　　日本佛教現分為許多宗派，各有不同的聖典，他們對其他宗派的聖典也不太關心。例如，某宗派獨尊《法華經》，另一宗派專崇《淨土三部經》。此外，也有一些宗派重視其他的「經」，不顧此二經。正因為如此，日本的佛教徒並沒有一部大家共通的「經」。二次大戰時，各宗派原本打算舉行聯合法會，但卻找不到一部可一起誦念的「經」。雖然後來選了一部較多人熟知的《般若心經》，卻遭到某一宗派強烈反對，導致計畫最後失敗。若以宗派的框架來思考所謂的「經」，就難免有如此的窘境。

　　若不從宗派的立場來思考，佛教聖典的豐富性遠勝其他典籍。作為宗教文學或哲學著作，它當然具備豐富多樣的內容，跨越了教誡、傳說、寓言、笑話、小說、戲曲、歷史、

地理、民俗、習慣等人類所有的生活面，像佛教聖典這樣廣涉多方且富於變化者，確為世界文獻所僅見。

事實上，奈良和平安時代的讀書人，常透過漢譯廣泛地閱讀、涉獵佛教聖典，當作詩文材料。平安末期以來，漢文閱讀能力漸漸低落，今已非昔比。但是明治時代的坪內逍遙、幸田露伴、森鷗外、夏目漱石等都擅讀漢譯佛教聖典。即使是現在，也為一些讀書人所愛讀。

所謂經

漢文「經」字有「縱線、不動者、不變的真理」等義，若以中國儒教對書籍的分類來說，乃指「聖人所制作者」。從《易經》、《書經》到《論語》、《孟子》等，稱作「三經」、「五經」乃至「十三經」。後來，道教、佛教、回教等的聖典也稱為「經」。

佛教的經乃從印度或西域的語言翻譯成漢文，當時是用漢字的「經」來翻譯梵文的sūtra。

在印度提到「sūtra」，原本是「絲線、細繩」之意，也可指「量度用的細繩」，亦指簡潔的「教訓、教理、金言」等文句。古來規定宗教儀式的簡潔提要書就稱為sūtra，乃是由數語構成的短文之集成。因為過於簡略，有許多僅憑其寥寥數語無法判知其內容的。這些只是為了學生背誦的方便，所以學習時必須附上注釋。此後的文法書、修辭學、醫學以及工

程學也採用此形式，婆羅門哲學諸派的基本教科書也大多是sūtra。此外，也有一些處事方法以及性典的sūtra。

　　佛教的sūtra是記載佛陀（少部分是佛弟子）所說教義的典籍，與婆羅門的sūtra有異。如後所述（89頁），sūtra具有一定的形式，短則數十句，多則達數百頁，形成佛教聖典的重要部分。此外還有制定教團規律的「律」與開展哲學理論的「論」，合稱為「經」、「律」、「論」三藏，由此構成佛教聖典。因此，sūtra即「經」相當於聖典的三大部類之一，但在中國及日本說到「經」時，大多指所有的佛教聖典。稱「一切經」或「大藏經」時，也包括所有的經、律、論。現今的「大藏經」即連同中國人及日本人的重要著作都一併收錄。

佛教聖典的構成

　　在日本說到佛教聖典，向來是指漢譯「大藏經」。但從大陸傳來的聖典當中，多少有些是印度原典，所以從平安時代初期開始至江戶時代，雖然為數甚少，但還是有人研究梵文，而這是特例。

　　歐洲從十八世紀末開始研究印度古典，到了明治時代，日本人也留學歐洲，學習梵語以及流傳到錫蘭等地的巴利語，並到印度及東南亞旅行蒐集資料。而且也有人學習藏語，並進而著手研究中亞的死語，使得有關佛教聖典的知識顯著增加。亦進行漢譯「大藏經」以外資料的研究，並嘗試作新的

翻譯。因此，大量佛教聖典的文獻現在才廣為人知。

在這些聖典的集成當中，特別重要且質量俱優的是漢譯「大藏經」。其中，僅就從印度原典（部分為西域死語）翻譯而成的聖典來計算，漢字多達約四千萬字。其中，三分之二是「經」，其餘為「律」與「論」。有些是同一原典的異譯或重複，所以真正的內容必有某種程度的量減，儘管如此，分量還是相當龐大。有關佛教聖典的成立，有不同的推論，此容後述。在此首先要注意有三種看法。（譯者按：三種看法即：一、聖典是佛陀教說的忠實記錄；二、聖典雖然不是佛陀教說的忠實記錄，但至少有一部分內容包含佛陀的真說；三、佛陀的教說並無統一的內容，從一開始就有各式各樣傾向的教說。）

聖典是記錄

從紀元後二世紀左右即陸續接受漢譯聖典的中國人，聽說這些大量的文獻都是釋迦牟尼佛親口所說而被記錄下來的。但若仔細一讀，就會發覺雖說同樣是佛教聖典，卻包含了一些在教理上互有矛盾的內容；而且也會發現這些聖典本身就說明了為什麼內容會有互相矛盾的理由。亦即，佛陀順應聽者的根機，開示與其相應的教法，當然說法的內容就有高低程度之分。

其中，何者是高深的，何者是淺顯的？何者是佛陀的本

意，何者是方便說？中國的宗派組織者最關心的，就是從此
觀點來分類、定位經典。其最早的組織者是智顗（538～597
年）。他將《法華經》置於最高位，認為這才是佛陀的真意，
其餘的經典皆為宣說《法華經》而準備，屬於輔助性的，並
藉此以定其順位。以智顗的天台宗為開端，三論宗、法相宗、
華嚴宗、真言宗，以及律宗、禪宗、淨土宗等，也各自指定
其「所依的經典」，而其他的經典都只是從屬的地位。

　　這種分類方法完全是主觀的，和文獻學、文獻史學所討
論的問題有所不同，但是日本的宗派佛教與新興教團到現在
還是以此為依歸。

　　他們共通的想法是：稱為經的都是佛陀一代的說法，亦
即三十五歲成佛至入滅為止的四十五年間所說的，而且認為
這些是佛陀說法的忠實記錄。

　　可是，有關於其是否為忠實的記錄，自古以來，就有一
些質疑。即使是同名的經典，在不同的譯本間也有相當大的
落差，這是令人懷疑其是否為忠實記錄的理由之一。

　　在日本，富永仲基（1715～1746年）著作《出定後語》，
論述到佛入滅後，隨著時代的發展，依次有各種經典的製作。
原來在印度早就流傳說大乘經典並非歷史上的釋迦牟尼佛所
親說的教法，即所謂的「大乘非佛說」，但是中國、日本的宗
派佛教卻壓制此說。甚至進入二十世紀後，在日本還有因主
張「大乘非佛說」而受宗門迫害、被逐出宗門的例子。即使
現在，各宗派所依的經典是佛說的想法，也常暗地裡獲得認可。

佛陀的真說

冷靜地來看，不得不承認：並非所有佛教聖典，都是釋迦牟尼佛說法的忠實記錄。但這些聖典之中，至少有一部分是佛陀的真說，或者包含有真說的部分吧！這是第二種看法。到了明治時代，汲取歐洲研究方法的日本學者，大部分採取此一看法。基本上與富永仲基走的是同一方向。謹歸納此看法如下。

佛陀四十五年間的布教活動，大體上弘揚同樣的教法。佛陀入滅後，具代表性的弟子聚集以編輯聖典。後來（有一到兩個世紀）雖然純粹的教法續存，但教團內部議論紛起，分裂為保守的上座部與進步的大眾部。進而，又各自分裂，在某一時期，有多達二十個左右的部派相互對立，各自擁有不同的聖典。之後，經過數世紀（西曆紀元左右），不滿於上座部和大眾部的團體，另外重新製作聖典，自稱「大乘」，將古老的部派貶稱為「小乘」，這就是大乘的起源。此大乘佛教進而又分為幾個派別，最後出現密教。有關印度佛教的歷史，概略作如此說明。

若與第一種看法——試圖將所有經典都納入釋迦牟尼佛一代四十五年的布教活動中——比較起來，第二種看法具時代發展的觀念，看起來是合理得多。實際上，今日許多學者也都支持第二種看法，我們也不得不承認它有某種程度的真

實性。

可是若仔細考察此說，問題並非如此簡單。對此會有以下幾個疑問產生。

第一、佛陀四十五年間，一直以一貫的方式來說法嗎？倒不如說是順應眾生的教養與能力，而開示不同的教說，不是嗎？

第二、即使說佛陀入滅後馬上就編輯聖典是一項事實，但是從現在為人所知的聖典的內容來看，顯然都只是在數世紀後被編輯而成的。從現在的資料中，如何能挑出最古的資料呢？

第三、教團全體在一到兩個世紀間，一直持守共通的相同聖典，這是事實嗎？倒不如說在佛陀入滅時或者甚至是入滅前，就有一些有關聖典的不同意見同時存在吧！

第四、大眾部並不是後來才分裂的，佛陀入滅的前後，某些佛教徒不是就已經有此傾向了嗎？

第五、甚至於大乘，其傾向不是可說自古有之嗎？

沒有資料能正面否定這些疑問。因此，也可提出如下的第三種看法。

各式各樣的傾向

依第三種看法，可作如下的推定。

佛陀並非以宣傳特定的教義為目的，而是要在各種場合

給對方適切的指導。因此，依照對方的能力與教養，所說的教法就不會一成不變。例如對於懶惰的人，教他要勤勞；但對於過於勞累的人，則勸他要適可而止。佛陀的聽眾，大致上可分為出家修行者與在家信徒兩類。

按照印度古來習俗，出家修行者應捨棄一切的財物與地位，離開親族，放棄職業，只依靠信徒所布施的衣食過活，身心完全致力於修行。佛陀亦是其中一人，終其一生過著這種修行生活。

信仰佛陀的教法，但仍住在家中，持續過著社會生活的人也很多，這些是在家信徒。

因為有這二種生活方式，所以宗教生活也分為兩種。出家修行者的目標是要實現最高的宗教理想，解脫以到達聖者（arhat，阿羅漢）的境界。因此必須是冷靜、理智的。為了解脫，必須放棄所有世俗的念頭，連情愛等也都要捨棄。其理想的狀態有如燃料點盡自然熄滅的燈火，稱為涅槃(nir-vāṇa)。

相對於此，在家信徒有對家庭和社會的世俗義務。其理想是，若有必要亦可犧牲自己，奉獻他人，做有益於眾生的事。佛陀也經常為在家信徒說法，教他們要遵守道德，追求宗教的理想。

如此一來，佛陀對出家修行者和在家信徒，說法的旨趣就未必相同。

不只是佛陀會為在家信徒說法，在佛弟子中，除了一些

只專心致力於個人修行的人之外，也有人獻身於在家信徒的精神指導。甚至也有暫時不超越世俗成為聖者，而時時刻刻不忘普渡眾生的人。

如果這樣來思考，佛陀在世時，除有出家修行者與在家信徒這兩種大致的區別外，在前者之中，也已經有兩種不同的類型：一種專以自己本身的解脫為目標，不管周遭，奮力於超世俗的修行；另一種與其多少異趣，他們的使命是教化一般社會大眾。而佛陀的宗教活動就包含了這兩方面。

選擇超世俗生活的修行者中，也有一些不同的傾向。有人按照言語表面的意思來接受佛陀的教法，甚至認為枝末細微之處，都要忠實地去實踐；完全信賴佛陀偉大的人格，鉅細靡遺，唯恐漏失教說中的任一話語。這是最保守的傾向。

同樣在保守者當中，也有人試著有系統地整理佛陀的教義，使其成為體系，他們依序整理佛陀的話語，想要用一貫的論理來貫穿它。佛陀的話語中，好像有矛盾的地方，就加以整理；體系看起來不完整的，就在理論方面加以補充，使它變得完整。這一類的人雖說也是保守的，但未必拘泥於傳統的形式。

又，喜好思辨的人努力地活用佛陀話語的意含，而較不拘泥話語的字面之義，也毫不客氣地採用佛陀所未使用的用語與論法。由於佛陀沒有執意要統一教團，所以這種自由思想早就很發達。只要沒有違反佛教本來的目的，說法的方式是自由的。

　　面對出家教團之外的信徒，所說的教法從一開始似乎就是順應對方的教養與能力。但即使是出家教團內部，對於初學者，也會分別使用適合於其個人根機的教化方法，所以，無論如何，說法的內容總是各式各樣。

　　如果設想有以上的種種區別，則不可將說法的內容看作千篇一律，所以記錄、著述這些說法內容的經典，其內容當然也是如此。

　　具有最保守傾向的經典，類似的內容一再重複之處頗多，大部分是定型化的教說。稱作「原始佛教」經典的，大多屬此類。

　　開展哲學思辨的典籍，屬於稱為「論」的部類，但因部派的不同，有從保守到革新的形形色色差別。又，不只是「論」，甚至在「經」的部類中也會看到思辨的傾向。

　　對一般社會人士乃至初學者的說法，大體上訴諸於情勝過訴諸於理。此時所說的不是人之存在的理論分析，或為達至最高宗教理想的超世俗修行階位等，說的是日常生活中的道德與生活信條，特別是勸導對佛陀人格的皈依。敘述有關佛陀的故事（包含其過去生的寓言），把奇蹟以及近似奇蹟的事情當作真實來宣說。對於出家修行者而言，佛陀不過是一個聖者的典範，但對於一般信徒而言，佛陀從一開始就被認為是不可思議的存在；不只是人，就連神和魔也都敬畏他。

　　若依此看法，則從一開始就沒有為佛教教團全體毫無異議承認的統一聖典。這樣的主張可由如後所述的事實獲得證

實，亦即雖然佛陀入滅後，有大迦葉(Mahākāśyapa)領導的正統派所編輯的聖典，但並不表示它為教團全體所贊同，這也合乎不認為有必要中央集權的佛教教團性格。因此，若依據這第三種看法，經典是怎樣成立、發展的呢？首先，敘述其概略，而後再詳細說明。

佛陀的時代

佛陀在世時的教團，係直接聽聞佛陀說法，弟子們據此修行、思惟。佛弟子幾乎包羅社會所有階層，他們的教養程度也就千差萬別，最高到最低，有極大的落差。有些已學盡婆羅門哲學，有些則是無知的勞動者。即使同樣以解脫為目的，但思想內容當然完全不同。有鑑於此，佛陀無意統一教義的思想和語言，佛弟子只要各自選擇適合自己能力與境遇的法門來修行即可。

隨著教團的發展，大弟子們也開始代佛說法，其傳法的情況亦同前述。佛陀在世時，事實上並無統一的教團存在。反而有大小分部，由數百或數人組成，各自獨立修行。直接或間接地學習、背誦、研究佛陀的話語，是重要的工作，也出現了為初學者製作的綱要；教導或學習時，使用各地的語言，且隨時加上適當的說明。

當時，修行者每年雨季有不外出遊化而停住一處的習慣，在此期間，彼此互相檢討所學的內容，但是並無全體教團共

通的教科書。

「律」的基本綱要制定於教團成立初期，每月被學習、反省，因此是教團全體所共通的。但因地制宜，也有例外。再者，每個戒律條項制定的緣由，以及與其相關的插曲，也因傳持團體的不同而未必一致。

佛陀教誨式的話語，乃口耳相傳，由不同的團體分別蒐集彙整。熱心的佛弟子也學習其他團體所蒐集的教說，很多的說法都是同時以好幾個形態流傳。特別重要的事件，如在波羅奈斯(Bārāṇasī)郊外佛陀的最初說法，以及接下來最早的五位弟子之皈依等，弟子們都熱心地學誦，其形式也大概一致。

此外，也流傳一些佛陀在特定的場合，為特定的弟子所說的話語，而有些因其問題性質之故，未必會引起教團全體的關心。

佛陀為在家信徒所說的某些話語，對出家教團並不是那麼重要。特別是對於專心於超世俗修行的出家人，沒有必要全部知道。有些只有在家信徒會背誦，出家修行者在聽聞後，才把它當作佛陀的話語記錄下來。

身為出家修行者都必須要知道的，除了戒律的條文之外，就是簡單的詩句或散文的教說。

但並非所有的修行者都背誦相同的東西。因為沒有形諸文字的習慣，所以學習與背誦是同一回事。因此，多聞與博學同義。

　　所應學的分為「律」和「經」兩大部門，所以，隨著擅長的不同，當然也就產生專門的分工。佛陀在世時，就已經有這種傾向。原本是釋迦族理髮師而後出家的優婆離(Upāli)，專研「律」；釋迦牟尼佛的堂弟阿難(Ānanda)則知曉許多「經」。

　　弟子們若有機會就互相確認、補充其知識。但是就教團全體而言，並未公認特定的聖典。因為「律」的條文因時間、場合，多少有增減；「經」亦不斷地增加。若有疑問，也可當面請示佛陀。在這樣的情況下，「律」的條文有統一的必要，但「經」就不一定要共通於教團全體，也可以有些是只有特殊的人或特定的團體才須要知道的內容。特別是為在家信徒所說的話語，儘管是佛陀親身所說，出家修行者也未必有興趣想要瞭解。

聖典的制定

　　因為佛陀入滅，情況馬上有了變化。如後所述，主流派召集會議以編輯聖典，制定「律」和「經」的本文。但是沒有任何資料可以讓我們知道，第一次會議到底制定了哪些本文。要和現存的文獻結合來做判斷是不可能的。「律」的條文與制戒因緣，當時大概是眾所皆知的。而關於「經」，或許是敘述了一些佛陀的個別說法，而非依照後來所見稱為「阿含」(āgama)或「尼柯耶」(nikāya)的分類而作成的。

　　此外，這個編輯會議未必代表教團全體的意見。如其記

載所言，未參加此會議的人，另外召開一個會議，暫且不管這是不是事實，但確實有人不承認此編輯會議的決議，而宣稱仍將持守自己直接或間接從佛陀所聽聞的道理。

因此，我們不得不相信：在這個編輯會議後，仍然有主流派所不承認的「經」另外在持續流傳著。

佛陀在世時就已經存在的許多團體，在佛陀入滅後仍然持續存在。主流派希望能夠統一，但此非教團全體的意思。就區域性的團體而言，唯一的義務就是在每月固定的日子，大家集合各自反省是否有違反「律」的條文。因此只要沒有特殊事件發生，教團全體不會共聚一處。在區域性的團體之外，也有一些移動的團體，分別另有其指導者；雖然為數甚少，但還是有些人低調地形成一個團體，精進地修行。

在此情況下，產生了各種團體的交流、和合、分離。分化教團被視為重罪，但只要不顛覆基本態度，離合是比較自由的。

在此期間，有關聖典的保存也產生了專業分工的傾向。因為聖典未以文字記載，皆由口傳背誦，所以就需要專家。有人背誦許多「經」（sūtra），這是誦唸固定經文的職事。即使是相同的經典，經由口傳，亦有逐漸變化之虞，因此道友相會時，會唱誦自己所背的經文，彼此確定是否有誤。「律」也是如此，因為這是出家生活的基本法則，更須要不斷地對照。此外也有人以「說法」為其擅長，這和「經」不同，係以口語來說教法，包含個人即興演說的成分。這種「說法」

也逐漸定型，許多甚至被採用為「經」。

　　此外，也有講「俗說」者(tiracchāna-kathika)，有關於此，詳細不明。但若非貶稱，或許是指擅長於通俗談話、朝氣蓬勃的出家人。

　　再者，在出家人當中，也有不喜歡說話，而以冥想為務者❶。

　　「經」的數目還逐漸增加，又因團體的不同，所傳也有出入。釋迦牟尼佛入滅後（西元前480年左右）到阿育王即位（西元前260年左右）為止約二百年間，為數甚多的經典由各別的團體所傳承，大體上是共通的，但其中亦有不同者。

初期的聖典

　　在文獻歷史不明確的印度，年代確切的碑文特別重要。在阿育王的摩勒(Bairāṭ)法敕中揭舉七個「法門」的題名，希望男女出家修行者及在家信徒能常常聽聞、思惟。此「法門」被認為是特定的「經」或其中的一個章節，而學者嘗試要從現存巴利語聖典，找出與此處所列的七個法門相應的經。想要在阿育王法敕中找出現存聖典的原型，這樣的想法並沒有錯，但是當我們來看這些學者的嘗試時，值得注意的是：有關七個法門與什麼經典相應，意見並不一致。而此法敕的用

────────

❶ 以上的區別見於巴利語《律藏》（二•七六、三•一五九），但未見於與此相當的漢譯「律」中，所以不能斷言自古有之。

語是古摩竭陀國方言,和現今所知的巴利語的形貌並不一致。
要斷言與現存巴利語聖典中的經典類似者,早已存在於阿育
王時代,未免言之過早。

　　阿育王知曉某些在某種程度下與巴利語聖典相關的經
典,這樣的看法毋寧比較合理。從阿育王推薦這七經的態度
來看,在這些之外,必定還有許多經典已經存在。但是不能
認為:像後世所知那麼完整的經典,以及「三藏」(piṭaka)、
「五部」(nikāya)的分類方法,早在阿育王當時就已經存在。

　　被推定是紀元前二世紀乃至前一世紀的婆爾訶特
(Bharhut)與桑契(Sāñcī)的塔(stūpa),刻有奉獻者的人名與職
業等,其中出現「通經者」、「通三藏者」、「通五尼柯耶者」
等。特別是「五尼柯耶」,此名稱同於現存巴利語經典的分類,
所以也有學者相信這種分類自古即為人所知,但這是錯誤的。
「五尼柯耶」原本是指教說之全體,並非經典分類的專有名
稱❷。

　　piṭaka原本是「籃子」之意,意指個別「經」或「律」之
條文的收錄。套用漢字的「藏」,即取其意。後來說到「三藏」,
即是經、律、論三部的總稱,但最早只是「經」和「律」,是
有融通性的總稱。

---

❷ E. Lamotte: *Histoire du bouddhisme indien*, Louvain 1958, p. 157.

聖典的變遷

隨著時代的變遷，古老的經典被修正、改訂、增補，且製作新的經典。對於經典之編輯與保存，最為熱中的無疑是保守的主流派，他們後來就被反對派貶稱為小乘。但其內部也有兩種不同傾向的區別，一種特別重視經典，一種雖以經典為根據但也注重自由思惟，將重點放在用自己的話語所重新著作的「論」上；這兩者又可分別細分。如此一來，佛陀入滅後五百年間，聖典有了很大的變化，但卻無法確知其詳細。紀元二世紀，有西北印度迦膩色迦(Kaniṣka)王的貴霜工朝以及南印度案達羅王朝興起，佛教的歷史可找出清楚資料的，就是從這個時期開始。因為佛教傳入中國在第一世紀，但正式流行則是從第二世紀後半開始。

小乘與大乘

中國開始翻譯經典後不久，大小乘經典即平行傳入，由此逆推，印度在西曆紀元前後，必定就有大小乘兩方經典的存在。代表性的小乘經典「阿含」（經）以及「律」，完整地被漢譯是在紀元第五世紀之後。而且，南方巴利語聖典的「五尼柯耶」（經）及「律」齊備，也是第五世紀以後的事。在這之前，當然是以某種形態存在，但達到最終的階段都是在五

世紀。

在中國譯經方面，五世紀也是鳩摩羅什翻譯《維摩經》、《法華經》等主要大乘經典的時代，《華嚴經》六十卷也在420年譯出。

如此，若要以確切的資料為基礎來公平討論時，則找不出證據可以斷言大乘經典比小乘經典晚成立。

此外，在同樣的小乘經典中，若比較漢譯的「阿含」與巴利語「尼柯耶」同樣的經文，則前者顯然常是傳承了古型。例如就記載世尊最後數月生活的《涅槃經》來看，巴利語中就有多處可視作後來的補充及修正。而且應屬於小乘的漢譯《增一阿含經》中，可以發現許多通於大乘的成分，但沒有理由一定要承認它比巴利語聖典晚成立。

即使認為巴利語聖典中的一部分可上溯到古老時代，但初次以較完整的形態成立，也應該不會早於西曆紀元太久，這是學界穩妥的意見（例如L. Renou）。此後，經幾世紀的修正增補，到了第五世紀後，現存形態的巴利語聖典才成立。

大乘經典也幾乎與此平行發展。亦即在西曆紀元左右，主要經典的原型已經成立。第二世紀時有許多被漢譯，留存至今；第五世紀初，大部分的重要經典被翻譯，至今仍為人所讀誦、研究。

第五世紀以後，巴利語聖典在錫蘭島，其他的大乘與小乘的聖典則在印度大陸持續發展，直到後世。

以上，從文獻史來看，沒有理由必須承認巴利語聖典比

起其他佛教聖典的時代較早。但是，巴利語聖典的傳統確實
是保守的；就大乘毫無顧慮地採用新的要素以擴張文獻的傳
統這一點來說，是進步的。然而，雖說是古傳統，但其大綱
則是西元紀元左右，即佛陀入滅四、五世紀後成立的。

　　有學者認為巴利語聖典是所謂「原始佛教」，亦即釋迦牟
尼佛與其親炙弟子之時的佛教資料。至今亦有人如此相信，
但這只是個假說，而非已經證實的事實。從巴利語聖典的構
造來看，也可知道其成立是經過數世紀乃至多達九個世紀的
歲月。

　　巴利語聖典以及與其相近漢譯的所謂小乘佛典，是在超
世俗的保守主義出家教團內部被製作而成。佛陀以及跟佛陀
同時代的出家修行者與在家信徒的思想，或許遠較此更為寬
廣，帶有理性的同時，必定也富含訴諸宗教情感的宗教情操。
如果認為唯有這些形成巴利語聖典主體，有關出家教團的嚴
格訓練與冰冷的理論，才是佛陀的教說，那麼如何能在短短
的數十年間獲得那麼多遍及社會各階層的弟子與信徒呢？現
今的印度民眾與二千五百年以前的人並沒有本質上的不同。
排除所有的神秘性，沒有神，沒有奇蹟，不舉行宗教儀式，
只是理解「緣起」的論理，要求不帶有信仰的倫理與禁欲的
生活，這樣的宗教如何能打動多數無知大眾的心呢？從這一
點來看，佛陀時代的佛教，宗教禮儀與信仰的要素必定比現
存的巴利語聖典要多得多 (S. Schayer, J. Przyluski, C.
Regamey, A. B. Keith)。亦即，巴利語聖典被認為是從曾經實

際存在的教說中，只擷取適合出家教團的部分，重新編輯而成的。

巴利語聖典的評價

人們常認為巴利語聖典（特別是其原型）缺乏神秘、神話、奇蹟的成分。然而佛陀弘法初期，異教徒迦葉三兄弟皈依之動機，乃是佛陀所示現的奇蹟，這也出現在巴利語聖典的最古層。若連此奇蹟故事是否真屬古層都要懷疑，則佛陀在波羅奈斯的最初說法，也必須受到質疑。

不只是歷史的敘述，就連教義也有問題。古板的學者認為不同的傳統（如巴利語與漢譯的「阿含」、「律」）所共通的文章是屬於古層，而且把不能套進所謂「原始佛教」思想形態者，定為後世附加。其實這是程度問題，未必都是如此。

對於作為某一派的教理而為人所知者，若在此派的聖典中發現到與其異質的要素時，我們應該如何來解釋呢？只要不是因為編輯者的過失，則我們很難想像故意插入與自己的主張互相矛盾的說法會是一個事實。不如視為是從古以來就有的文章未被整理到而遺留下來，這會比較合理。

例如在佛教的世界觀中，人的構成要素，巴利語與漢譯「阿含」通常都是依照一定的公式來說明，所謂五蘊、十二處、十八界等。不過也有以「地、水、火、風、空、識」六元素來說明的特例。❸這和所謂原始佛教公式化的見解不同，

但是若只是因為這樣，就視其為後來所摻入，這樣的說法也未免過於牽強。毋寧應該說這是部派佛教成立之前就已經有的古思想，後來在編輯之際，未被整理到而遺留下來的吧！

所謂的原始佛教

一般認為是原始佛教的教理，且暗地裡視為是釋迦牟尼佛的真說者當中，有許多應該把它看作是到部派佛教後才出現的。即使只就學者們已經提出的問題，也應該考慮以下幾點。

至少從教團成立時的各種記事綜合來看，佛陀自身達到的境界與弟子們沒有差別。後來小乘部派卻認為佛陀只有一位，弟子們有四向四果的八階位之分，即使到達最高的果位（arhat，阿羅漢）亦非佛陀。但依大乘之說，所有弟子皆有成佛的可能性。僅就一切眾生皆可成佛的觀點來看，大乘比小乘更接近本來的教法。而且，甚至可以說不只是出家修行者，連在家信徒亦有成佛的可能性。不過就出家修行者的教團而言，較強調嚴格的修行，推尊佛陀為絕對特殊的例子。❹

---

❸ 巴利語《增支部》一・一七五以下。《中阿含》卷三（《大正藏》一・四三五）、卷四二（六九○）。《阿含口解十二因緣經》（《大正藏》二五・五四中下）。此是《俱舍論》卷一（《大正藏》二九・六）與《俱舍論》舊譯卷一（《大正藏》一六六下）、《順正理論》卷三（三四七上）、《顯宗論》卷三（七八七）等所引用的《多界經》。

　　小乘將釋迦牟尼佛成佛之前的狀態稱為菩薩,意味著「確定未來將成佛者」。小乘只把釋迦牟尼佛以及確定未來將成佛的彌勒稱作菩薩,但大乘則有諸多菩薩,主張在某種意義下,凡是志向於佛教者都是菩薩。從這方面看來,在大乘中,菩薩思想頗為興盛。

　　有關菩薩,說其修行的方法有六波羅蜜(pāramitā,圓滿、極致)。一般指布施、戒律、忍耐、努力、禪定、智慧六者;特別強調智慧波羅蜜(prajñā-pāramitā,般若波羅蜜)。有關於此,有龐大的《般若經》文獻產生。在此所謂的智慧係正確觀察萬物,照知其真相;這是透過認識到「不執著」(空)而成立的。這也是大乘經典的特色,但小乘經典也並非完全不談,此想法本身似乎可追溯到最初的佛教。

　　另一方面,小乘經典強調「無我」的思想,而且這也被相信是所謂原始佛教的根本思想之一。佛陀在某些場合教導無我,使弟子從執著中解放出來,這是事實。但若說佛教整體世界觀的根本即是否定自我,這點就很值得質疑。即使說無我,也並不是「我不存在」的意味,毋寧就像是說「這也不是我」、「那也不是我」一樣,從客觀(色)與主觀(受、想、行、識)兩方面,否定日常所經驗的一一現象,否定這些「是我」。如此一來,就能夠在超越現象之處,徹見真正的

❹ 但巴利語聖典中算是最古老部分之一的《經集》(Suttanipāta)中,有「佛陀」的複數用例(八一、八五、八六、三八六、五二三頌),乃指修行僧眾中的傑出者。其中或許傳達了古教團的實情。

「我」。大乘經典（《勝鬘經》、《大般涅槃經》等）中，將名為「如來」或「如來法身」的理想狀態稱為「我」，不只論理上是理所當然，而且若認為佛陀本來的意圖即是如此，一點也不牽強。忘卻本來的立場，而將現象界的「無我」，重新擴大解釋到一切方面的，毋寧是小乘經典，亦即所謂的「原始佛教」聖典。

有關無常也是同樣。「諸行無常」係指「一切的現象是無常」之意，所以超越現象界的覺悟的世界、佛陀的境地，並非無常。大乘經典明確、積極地述說此觀點，但小乘只談無常，有關絕對的境地則故意避而不談。

聖典的成立

梵語、巴利語等原典，以及現存於漢譯、藏譯還有其他多國語言的龐大佛教聖典，是如何成立的呢？這個問題並不容易回答。

若從信仰的立場來說，凡是佛教聖典——特別是其中稱為「經」的部分——都直接或間接與佛陀本身有某種關連，或者說被相信是有所關連。在此所謂的佛陀指的是歷史上真實存在的釋迦牟尼佛。

就像蘇格拉底、耶穌等一樣，釋迦牟尼佛也完全沒有著作遺留於後世。因時、因地、因機隨時說法，但其教說未被作成記錄保留下來。許多時候，只是特定的聽眾將聽聞的教

法背誦下來而已。

　　但是耶穌公開活動的時間不超過三年，蘇格拉底雖然持
續和雅典市民說了二十多年的話，但對象的範圍卻是有限的。
而釋迦牟尼佛帶領有一千多位出家修行者的教團，受到十幾
個大大小小國家的國王乃至最低階層百姓的信仰，有近乎半
世紀之久在遼闊的區域不眠不休地弘法布教，在這點上，與
他們兩位有很大的差異。佛陀實際所說過的話語，分量必定
是相當龐大的。

　　佛陀入滅後（紀元前480年左右），弟子們馬上集合，編
輯佛陀所說的話語，以使其流傳後世，此記載見諸於各文獻
中，或許應該視為歷史事實。

　　許多文獻中，一致的要點如下。

　　佛陀的首席弟子大迦葉召集會議，地點在摩竭陀國郊外。
只有達到聖者（阿羅漢）境地的五百位修行僧聚集，首先由
優婆離依其記憶誦出「律」的部分，敘述戒律中一一條目是
何時、何處、針對誰所制訂，由出席者一致確認優婆離所說。

　　接著阿難被指派背誦「經」的部分，同樣由大眾無異議
通過以為採擇。

　　「律」、「經」本文如此被確定，受到出席者全體的公認，
使其流傳於世。

　　雖說是編輯，但並未用文字書寫。當時雖然已經知道使
用文字，但在印度，文字只限用於世俗的目的，不使用在宗
教的目的上。雖說如此，但不見得比文字書寫的文獻不穩定。

現今即使是婆羅門教的聖典——其中最古老的，甚至可追溯
到紀元前一千多年以前——有很多還是不依文字,只依口傳,
正確地流傳至今。

　　只從這一點看來，說佛陀入滅後立刻編輯的聖典，能夠
原封不動、完完整整地流傳至今，亦不足為奇。

　　若根據其中一派的傳承所言，目前流傳在錫蘭，盛行在
東南亞廣大區域的巴利語聖典，就是第一次編輯會議所確定
下來的那個版本。

　　此說法在十九世紀後半，歐洲開始研究巴利語聖典以來
——至少有相當程度——被認為具有其真實性；即使是現在，
在某些學者間，有附帶一些條件，但還是以某種形態被承認。

　　但從另一方面來思考，要相信現在所讀誦的巴利語聖典
就是第一次會議所決定者的忠實傳承,無論如何是不可能的。

　　其第一個理由，係語言問題。

　　無疑地，釋迦牟尼佛所用的語言是以摩竭陀國為中心的
「東方方言」。有關何處是巴利語的故鄉，學者提出種種不同
的假說，其結論卻說巴利語是近於印度西北部的方言，與「東
方方言」在許多地方上顯然有所不同。況且同樣是西北部方
言之中，若與紀元前三世紀初期者（碑文）比較起來，巴利
語發音平順化的程度更有演進，所以被認為至少是屬於那之
後的階段。根據這樣的理由，從語言的考察來看，不得不斷
定巴利語聖典並非傳達佛陀當時說法的忠實相貌者。❺

❺ 舉例來說，相異子音的結合，變化為同一子音的結合，此一現象也

　　第二個理由，係巴利語聖典編輯形式的問題。

　　現存巴利語聖典中，僅就「經」來說，分為《長部》、《中部》、《相應部》、《增支部》、《小部》五部；收錄較長篇的三十四部者是《長部》；收錄中篇一百五十二部者為《中部》；比中長篇更短的經典，依照其內容分類而成的是《相應部》；又依各經中所處理的題目與一有關，或者與二、三、四……乃至十一有關來作區分者是《增支部》，例如施食分五種則為「五」部，地震有八種則收於「八」部；《小部》乃蒐集從短的教訓詩到前生故事等，包含了大小、內容、文體都有很大不同的十五部作品，未必僅限於「小經」。

　　如此的分類方法，本身就已經預設了之前長久的經典成立史。必定是數世紀間，口耳相傳之時，逐漸編輯以使其適合背誦或方便思索。從分量上來看，畢竟很難相信這些文獻是在一次會議裡就編輯完成；把焦點放在編輯形式上來看，也不得不推定這是經過許多世代才形成的。在如上所述的「五部」分類以前，已知有另外的分類方法——例如依照經典之形式分為九分或十二分——這從現存經典的本文中也可以找到，因此我們不能認同說現今聖典的區分是最原初的。

　　我們懷疑巴利語聖典是屬於最古層的第三個理由，係其與其他類似的集成之間比較的問題。

　　如上所述，漢譯大藏經收錄有各種傾向的經典，其中一部分被稱為「阿含」的部類，係以《長阿含經》、《中阿含經》、

曾出現在拉丁語與近代羅曼斯語（義大利語等）之間。

《雜阿含經》、《增一阿含經》為主體，而這些大致相應於巴利語的《長部》、《中部》、《相應部》、《增支部》。

雖說大致相當，但若一一對照，就會發現經典的順序、排列、分類都非常不同，即使是同樣的經典，內容也常有不同，而且有不少經典是巴利語或漢譯一方現存但另一方完全沒有的。

而且，漢文之外，在中亞發現到梵語原典的「阿含」（雖然只是斷簡殘編）。另外，在西藏譯大藏經中，也經確認有同類經典的存在。

如此一來，就說明了在印度曾經有好幾種文獻集，與巴利語聖典並存。如果其他的聖典不是派生自巴利語聖典，也就不能無條件地承認其歷史的權威。總而言之，一些並存的佛教部派亦各自擁有其各別的聖典，則巴利語聖典也就只不過是其中一個部派——稱作分別說部——的傳承而已。只不過是因此部派的傳統，在錫蘭這塊土地上偶然地存續到現在，使得巴利語聖典被保存得較為完整而已。

漢譯的四「阿含」，並非單一部派的傳承，而是分別屬於不同部派的「阿含」，偶然被一一漢譯，四者（《雜阿含》亦有別譯）才齊備。除此四「阿含」外，其中單一的經典也另有單獨的譯本，其中甚至有五六種異譯的。即使是同樣的經典，也因譯本不同，內容有所差異，總而言之，原本應該有好幾種。

原初形態說

有一些擁有類似內容的經典同時並存，這到底意味著什麼？

如果暫時假設這幾個傳承中，有一個是最古老的，而且可以推定其他皆由此派生，則問題或許比較容易解決。但是我們首先就不考慮有這種可能性。

其次可以考慮的是以下的推定：假定曾經有一原初的聖典集存在，但隨著時代的變遷，由此派生出各種的變形，而後原初的聖典佚失，只剩下派生的聖典續存。若承認此假說，也就會認為本來只是一些少數的短篇經典，但隨著時代的推進而成長，而有為數甚多的長篇且詳細的經典成立。

若依此假說，則透過現存各種資料的比較，特別攝取它們共通的要素，重構其簡潔的形態，應該可以重現已經失傳的「原始佛教」聖典。例如巴利語與漢譯兩方共通的記述，在歷史上早於其中一方有缺的記述；簡潔的記述早於複雜的記述。從方便記憶這一點來思考，也有學者加上一項說：韻文一般早於散文。距今約四十年前（譯者按：本書成書於1967年），引起學界爭論的「原始佛教」或「根本佛教」的議論就是建立在這種假說之上的。

第1圖　發展·分化·加入

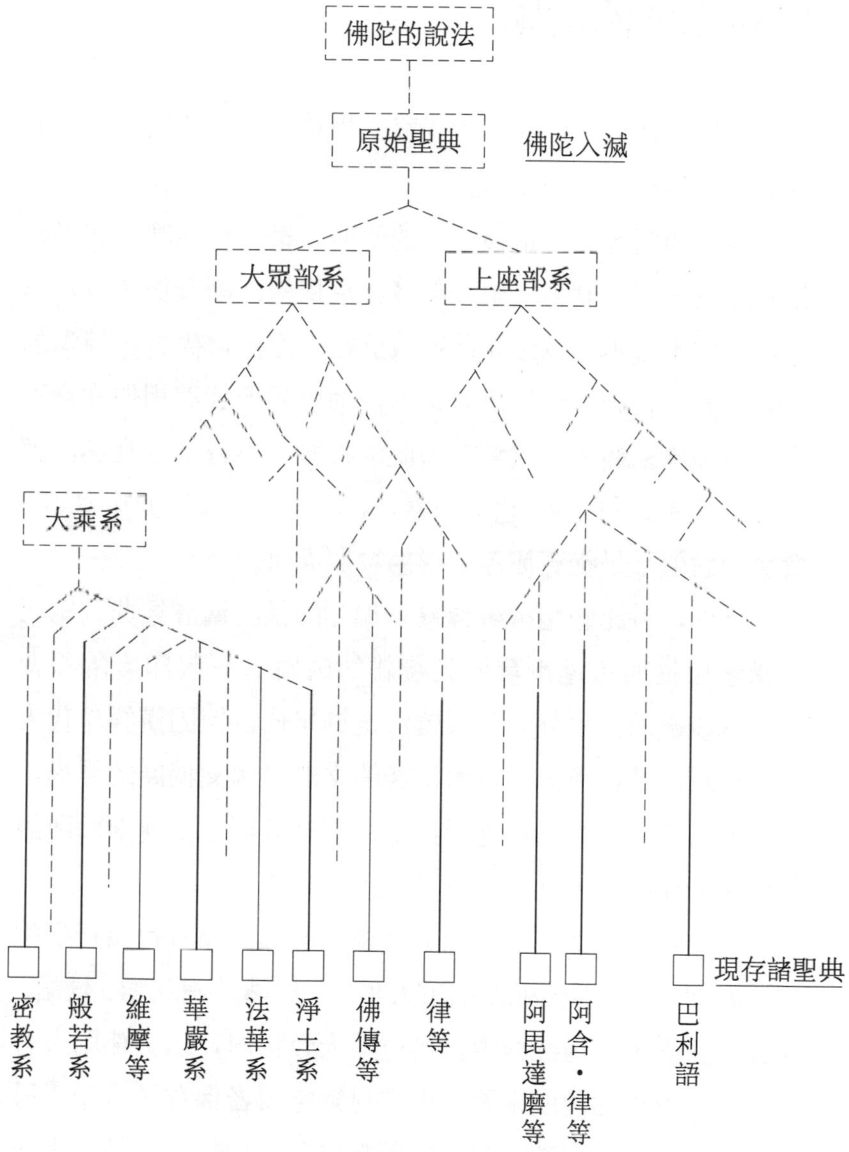

```
                ┌─────────┐
                │ 佛陀的說法 │
                └─────────┘
                     │
                ┌─────────┐
                │ 原始聖典 │   佛陀入滅
                └─────────┘
                     │
          ┌──────────┴──────────┐
     ┌─────────┐          ┌─────────┐
     │ 大眾部系 │          │ 上座部系 │
     └─────────┘          └─────────┘
```

┌─────────┐
│ 大乘系 │
└─────────┘

□	□	□	□	□	□	□	□	□	□	□ 現存諸聖典
密教系	般若系	維摩等	華嚴系	法華系	淨土系	佛傳等	律等	阿毘達磨等	阿含·律等	巴利語

原初說的問題點

　　但是，在這種意味下的「原始佛教」乃至「原初聖典」的假說，仍有一些問題點。

　　最大的問題是：這種假設的聖典，果真存在嗎？如果從巴利語聖典中，試著取出一部經典來探討，則我們可以很容易想像它不是本來就是如此；或許在它之前，先有更簡潔的原始形態存在吧！如果僅就定形化的表現形式與相似文章不斷的重複等來觀察，就會有如此的推論。不只是巴利語，與此類似的漢譯「阿含」也是一樣，就現存的一部經典來考察，會發現它似乎是從更簡潔的形態發展而來。

　　進而，若比較還有幾種異譯現存的某些漢譯經典，則可以探索出從簡潔逐漸發展到複雜的軌跡。一般印度的原典──除少數的寫本外──很難決定其年代，但因漢譯年代大部分都很清楚，所以可以釐清新的文獻其本文擴展的經過。

　　若可擴大此方法以進行推定，則應該可以重建前面所說的假設的原型，但此方法有其適用的限度。

　　例如佛陀的最初說法係於波羅奈斯郊外為五位修行僧說的，此意味佛教開始弘傳的重大事件，見諸於巴利語、梵語、漢譯、藏譯等各種經典中，其重點大致相同，但細部則未必一致。從歷史的角度來看，不容易斷定何者保存了古型。只要是把它們看作宗教文獻，它們都自有結構的統一性，不能

隨意代換。畢竟每一版本分別都是完整的作品。並非不能抽出這些版本共通的要素，以製作所謂最大公約數的本子，但終究不能藉此使古型再生。因為各本獨特的味道一旦喪失，也就無法保證能夠接近其原型。

　　既然佛陀的最初說法是一重要事件，佛陀在世時，弟子間應該常以此為話題才是。最初由聽聞此說法的五位弟子講說此一最值得紀念的故事，在口耳相傳中，逐漸就有了幾種型態固定下來。因此，我們不得不說現在我們要以學術性的方法來確知在嚴密的歷史意義下，佛陀的最初說法為何，是不可能的。同時也不得不承認，不管是哪一個傳承，都在某種意味下忠實地傳達了佛陀的真意。

　　因此，即使僅就現在所舉的最初說法來思考，有關其中特定的部分，有些可以說A本比B本更保留了古型；再將其擴大，或許甚至可以推定說大體上A本比B本更屬於古老的傳承。但是雖然如此，我們既不能說B本派生自A本，而且也很難設想曾有X本存在，以作為A本與B本的共同起源。總之，我們只能判斷說A本似乎比B本更保有古型。我們不只無法斷定原初聖典的內容，甚至不能說曾經有這樣的本子存在。

　　即使是較佛教聖典問題更為單純的基督教福音書，也有同樣的問題。譬如若比較以「登山寶訓」聞名的《馬太福音書》第五章以及作為「平地講道」而為人所知的《路加福音書》第六章二〇以下的話，則可以想像它們似乎有其共通的起源，但這意思並不是設想有一部既非馬太亦非路加福音書

的X福音書存在。或許情形應該是在耶穌的弟子中，某些人是
以馬太所傳的型態來傳承，而另外有一些人聽到的則是如路
加所記的。有關其中的一個語句（例如比較「內心貧窮的人
是幸福的」與「你們這些貧窮的人是幸福的」），也並不是不
能討論何者較接近原型，但是要想像有既非馬太亦非路加的
X福音書的存在，此從信仰的立場來看，當然有其困難，就歷
史研究而言，也是很牽強的。

聖典與史實

　　為何會提出這樣的問題呢？不管是幸或不幸，開始研究
巴利語聖典，接著與漢譯諸本作比較研究的十九世紀，正是
實證主義盛行的時代。從即使是宗教現象，也必須在客觀地
解明其歷史「事實」的前提下，來進行研究。因此若主張說
佛陀在某一個時候曾經在波羅奈斯郊外為五位修行僧說法，
就必須把它作為「事實」來解明。即使是有關其他的說法，
也認為一定能夠釐清「客觀的事實」亦即能清楚佛陀「實際」
說法的內容；這種實證主義的樂觀論，引發了「原始佛教」
和「根本佛教」的議論。

　　佛陀在四十五年的宗教活動中，說過很多的話語，許多
的弟子聽聞後，努力地將其傳到後世。這點千真萬確，不容
置疑。但是當弟子開始努力想要使佛陀的話語留存在記憶中
的時候，傳承就已經有了各式各樣的型態。我們不得不認為

一開始要記錄佛陀話語之際的差異，早就比基督教的「登山寶訓」與「平地講道」之間的差別還更為複雜。我們無從得知弟子記錄之前，佛陀「實際」說了什麼。

不只是基督教如此。有關蘇格拉底出席雅典法庭，做了辯護後被處死刑的歷史事實也不容置疑，但卻不能證實蘇格拉底曾經說過如柏拉圖於《蘇格拉底的辯明》中所記載的話語。蘇格拉底「實際」說過的話語已經永遠消失，不管用什麼方法都不能原音重現。儘管如此，蘇格拉底的精神，還是透過柏拉圖的作品傳達給我們。佛教的聖典，同樣也是如此。

教團的諸派

和蘇格拉底以及基督比較起來，佛陀留下的話語不只分量龐大，其傳承也是各式各樣。有關於此，除了因為佛陀有很長的弘化時期，並且以各階層為對象之外，還有下列原因。

第一、在佛陀或其後的時代，幾乎未曾積極地想要統一佛教教團。佛陀在世時，弟子們各自直接或透過親教師僧，接受佛陀的指導。而且只有在各地區自治運作的教團分部，而沒有綜管統一全體的本部機構存在，亦無教義的統合與聖典的制定。佛陀甚至明言：「我無意統御教團」。（《涅槃經》）

因此，不管是直接親聞佛陀說法，或從師僧、前輩聽聞，只要能如理思惟，銘記於心即可。所以，就實際的問題而言，有區域特色的聖典其成立的基礎，從一開始就已經存在了。

區域的差別之外，第二、佛陀得力弟子的各別團體中，多多少少形成各自的特色。此與區域的區分常常一致，而習慣成群遊方弘化的修行僧，自然而然就形成意氣相投的團體。佛陀初期的二大弟子舍利弗 (Śāriputra) 和目犍連 (Maudgalyāyana)，兩人皆比佛陀先入滅，但仰慕其遺德的團體，一直存續到後世，也見諸於法顯與玄奘的見聞記中。

如前所述，佛陀入滅後不久，以大迦葉為首召開會議，由優婆離誦「律」，阿難誦「經」，以制定聖典。但是，若仔細玩味有關此會議的記載，則會有一些問題出現。

其中之一，是有關憍梵波提(Gavāṃpati)的故事。憍梵波提因故滯留在天界，大迦葉遣使請他到下界來參加宗教會議，但憍梵波提卻說：「既然佛陀已經入滅，我也要入滅」，說完當場即入滅。

另一位是富蘭那(Purāṇa)的故事。富樓那帶領多位修行僧，從布教的旅途中回到摩竭陀國首都時，聽到有編輯聖典一事。大迦葉的團體欲勸誘他承認已編輯的聖典，但富樓那卻回答說：「諸位編輯聖典，這是好事。但是，我還是決定要持守我從世尊所親聞的。」

有關富樓那一事，巴利語、漢譯皆有記載；記述雖稍有異，但是，無論如何，或許可將有一些團體並非完全認同大迦葉所主持會議之決定一事看作事實。

大迦葉與優婆離、阿難三大弟子共同指導此編輯會議，但是，對阿難也並非沒有質疑。根據諸多記載，最初因僅阿

難一人未達聖者的境地，所以被拒絕參加，到了當天才終於承認其資格。而且，即使在編輯後，大迦葉對於佛陀在世時，阿難的侍奉不周，也提出批評。若說這些反映了某些歷史事實，則我們也可以說阿難所遭受的待遇，亦有問題；會議中三位代表弟子之間，彼此亦有不同的意見。不管把它看成是屬於多麼內部的事情，至少應該承認在大迦葉與阿難之間，對於教團的根本問題，有一些必須要協調的事項存在。

進而也有記載說有許多未參與此五百聖者會議的修行僧，另外聚集來編輯聖典。在同樣位在摩竭陀國當時首都王舍城(Rājagṛha)郊外的另一地點，玄奘看到此「大眾部」編輯聖典的遺跡。根據玄奘所言，此會議未限定參加者須具聖者的資格，有許多不是聖者的人參加，所以稱作「大眾部」。

此大眾部的編輯會議，不像前述的五百位聖者——所謂上座部——的會議那樣留下明確的記錄，所以其是否為具體的事實，值得懷疑。但是，至少，從前述各式各樣的故事，可以推察得知，有一些持守和五百人會議不同的聖典傳承的團體存在。

上座部與大眾部

大眾部與上座部分裂的表面化，據說約在佛陀入滅後百年，對戒律的問題有了意見的對立之後。但是，如前所述，已知在佛陀時代，除了有以聖者的境地為目標，過著嚴謹的

戒律生活的修行僧之外，更有接觸一般社會，獻身於大眾教化的修行僧。例如賓頭盧(Piṇḍola)即是一位傑出的修行僧，已經達到聖者的境地，但因故不被允許入滅，長年從事眾生的教化。後來，中國在齋堂供奉其像，日本則供奉於堂外，為一般人所熟悉的賓頭盧尊者即是。

又，西印度出身的富樓那(Pūrṇa)（譯者按：即佛弟子之中「說法第一」者），得到佛陀的慈允，以必死的決心，捨身到未開化的故鄉去弘揚佛法。

即使只看這兩人的例子，就可以知道在佛陀的時代，就已經有一些修行僧，樂意犧牲自我的解脫而投身到大眾中，有別於致力脫俗修行的上座部。

這些團體為眾生說的法，自然與為出家教團說的「經」、「律」不同。佛陀親身為在家信眾說法的經典，有許多流傳下來，大多是教導作為社會人士應負的義務，同時指導如何深化其宗教體驗。這些每天過著忙碌生活的家庭中人、社會人士為一般信徒，不能強迫他們過著像出家修行者那樣有規律的生活，因此，為了教化，必須採取其他的方法。必須是較簡單、容易入門、方便實踐的方法。鼓勵他們做道德上或宗教性的善行，特別是對佛陀與教團的禮拜與護持。

佛陀入滅不久，就興起聖地巡禮的風氣。佛陀誕生、成道、最初說法、入滅的場所被尊崇為四大聖地，建立紀念碑。而且，建造碗形的塔，以供奉佛陀的遺骨。人們藉著禮拜這些遺跡，可深化其信仰。

　　以遊化布教為常的出家教團，漸漸有定居的傾向，居士們為僧眾建造僧院。佛陀在世時已經有一些僧院的建造，因為是木造的，而未能留存到後世。但是現存有紀元前二世紀鑿刻在岩石上的巨大僧院遺跡，而且也留有紀元前三世紀到一世紀間，所建造的巨大石塔。

　　從技術來看，這些石造建築顯然是模仿木造建築，所以可推定在這之前有很多類似的木造建築。從塔的牆垣與門之雕刻，可以得到許多有關當時佛教教說的線索。

　　這些建築物——包含已經消失的木造建築——建造的時代，當然有與具媲美的弘化布教活動盛行。布教內容未原樣保留於文書中，但若從現存的美術作品來推定，顯然有許多談的是佛陀的生涯。在這些雕刻中，原則上不直接表現佛陀的形貌；應該是佛陀所在的地方卻留白，只透過法輪或菩提樹等象徵性地顯示出來。佛陀一生的重要事件，被如此地表現在美術作品中。眾人相信佛陀曾累劫獻身於眾生的救度，而終於在最後一生成為佛陀。這些前生故事，有許多被講述、流傳，也保留在文獻中。而與此同類的故事成為上述美術作品的題材。這些故事所共同表現出來的最大特色是，犧牲自己的一切——不只是生命、肉體、所有物、妻子、地位，甚至是解脫——以救護眾生。在某種意味下，這種想法與出家修行者的理想未必一致。因為出家修行者——至少就本質來說——是遠離現世的關心，不為情感所動，極冷靜地以實現解脫為理想的。

　　如此看來，可以斷定佛陀在世時或入滅前後，實際上就已經盛行著在家信徒容易信受的佛教。其教法比較是以淺近的信仰來勸誘廣多的眾生，而非超世俗的嚴格修道生活。為出家修行者所說的教法乃以佛陀為模範，各自實踐艱險的修行之道。而在家信徒則被指導要景仰佛陀偉大的人格與功績，以發展崇高的宗教情操。

　　巴利語聖典與漢譯「阿含」中，「法」一直都是擺在最前面。宣說「法」的佛陀的人格毋寧是隱藏在其背後的。說的是「不管佛出世或不出世，都不會改變」的真理；自作自受的不動法則儼然存在。佛陀作為前輩可以給與建言，但無法授與恩寵。

　　相反地，從塔的雕刻來推定，而且也有其他文獻為證，在為在家信徒所說的一般化的佛教中，佛陀是被禮拜、崇敬的對象，但不能成為個人生活的模範。因為過於崇高，一般人即使想要模仿也無法企及。如此一來，佛陀也就更被認為是超自然的存在者；同時，較常說到作為鮮活信仰對象的佛陀，而較少說到冷峻的「法」。

　　上述兩種傾向可視為後來稱作上座部與大眾部者的先驅。在上座部式的傾向中，專心修行的出家眾早就著手組織聖典；但在教化範圍廣闊的大眾部式傾向中，卻未那麼致力於聖典的組織，而因為其布教活動興盛，無怪乎說法內容相當豐富。

大眾部式的傾向

　　說到大眾部式的傾向，這並不只是對門外漢說的單純教法。例如佛陀時代也有舍衛城的富豪須達（sudatta，給孤獨長者）等，比出家修行者擁有更豐富的知識，達到更高的心境。城市國家毘舍離(Vaiśālī)也有傑出的在家信徒。和這些在家信徒親近的修行者中，當然有些會促使進步的思想發展。封閉於出家教團內部，專以超越世俗為目標的修行者間，乃以定型化的傳統思惟為中心，而和變動的社會不斷有所接觸的修行者，毋寧有較多開展自由思想的機會。

　　在大眾部式的傾向中，權威與傳統並沒有那麼重要，自由活動盛行，所以聖典的組織編輯當然也就比較慢了。現在留存有此傾向的聖典，特別是關於佛陀傳等，梵文（Lalitavis-tara以及Mahāvastu等）、漢譯（《普曜經》、《方廣大莊嚴經》、《佛本行集經》等）、藏譯等，其現存的型態都是後世所編輯，但其中包含有極古老的資料。

　　又，有關佛陀本質的思索，也在大眾部式的傾向中有所進展。因為除了記述歷史上的釋迦牟尼佛實際如何存在之外，也關心佛陀原本為何的問題。於是，在傳記的事實之外，發展了有關佛陀本質之考察──相對於基督教之神學(theolo-gia)，亦可稱為「佛陀學」(buddhologia)。佛陀與其說是人，不如說是真理(dharma)──相當於《約翰福音書》的「言語」

(logos)——所以也就被稱為「法身」。但是有關法身的學說，實際上被體系化大約是在西曆紀元左右。

如此，被認為屬於大眾部系統的學說中，包含了複雜的內容，從通俗信仰到高深的哲學思惟，無法簡單地加以歸納。總之，比起超世俗、修道院式、因襲、菁英式的出家教團，它是範圍更寬廣的宗教活動，也因此進步、分裂得更為激烈，產生各式各樣的小分派。紀元前後浮上檯面的大乘佛教，也是從這種廣義的大眾部式的傾向中成長而來的。

現在，在此分成上座部系及大眾部系二大傾向且作了考察，但事實上這不過是大略的區分。實際上，從兩極端到差別極小的中間存在，其中有形形色色的微妙差別。如前所說，因為地域以及團體的不同，有許多的部派存在，表現出各種不同的傾向。

部　派

據說在某時期，總共約有二十個部派存在。巴利語、漢語、藏語等各式各樣的文獻，敘述到這些部派發生的歷史。可是，發生的順序、系統、名稱因不同的文獻而有相當大的差異。若根據這些文獻共通的部分來說，佛入滅後，經過一段時期（大約百年間），產生大眾部與上座部的分裂，後來內部又一再分裂，終於導致這麼多部派的成立。

近代的研究者也常常根據這些文獻推定說：佛陀所遺留

下來的教法，到佛陀入滅後的某個時期（約一百年）為止，係以統一的型態在流傳著。原始佛教和根本佛教的區分即是以此推定為基礎。他們進而擴大此推定，認為佛陀入滅後經過百餘年，以某特定事件為契機才有異端問題的產生，意見無法一致，所以當時才分裂為大眾部與上座部二大勢力。接著，又分別因為一些新的事件而有小分裂，終於分裂為二十個左右的部派。

許多學者皆有如此的想法。這些部派即是所謂的小乘佛教（或部派佛教），其後不久，大約在紀元後，才產生了與此有別的大乘佛教的嶄新運動。

但是，有關這點有諸多問題存在，歸納如下。

第一、佛陀入滅後百年間，有統一的見解支配佛教教團全體，這是值得懷疑的。因為甚至佛陀在世當時，實際也未對教理作統一的規定；佛陀入滅後，第一次會議的結果，也未被全體的佛教徒無條件地接受。

第二、部派的區別並不是佛陀入滅百年後才開始出現的。從佛陀在世當時，因為地域或領導人物的不同，即有實際的分部存在。隨著布教地域的擴大，這種趨勢更為明顯。

第三、不能一味斷定大乘晚於小乘。大乘固定為教團組織，編輯其聖典是相當晚，但是具大乘傾向的活動，老早以前就一直存在。其具體的證據可以從溯源至紀元前二～三世紀，殘留在桑契、婆爾訶特等的美術作品推定得知。而且，「說一切有部」和「經量部」等小乘部派的教理，極為複雜，

沒有證據可以推定說這些在大乘興起之前，就已經成立。

　　第四、應該注意的是：前面介紹的部派分裂的歷史，未必是客觀的記述。從不同文獻有不同的記載看來，即是一個明證。這些都是在各部派實際成立後，為了確立己派權威地位所做的系譜，意圖證明自己的部派最接近佛陀的真說。

　　經過如此的考察，還是應該認為佛教聖典從一開始，就有好幾種傾向並存。可將其圖示如下頁。

傳承的差異

　　各式各樣的部派從一開始就各自持守佛陀的話語，師徒相承。從印度人一般的情況來思考，這些口傳（不用文字的傳承）必然是相當正確的。但是，與文字書寫的文獻不同的是，無法確認其修改訂正的痕跡，所以缺乏區別新舊層的線索。

　　口耳相傳之中，自然會有新加或修改的地方。或者因為與其他傳承交流，而添加其他的要素。有時候說明的文句被混入本文，相反地，有時候是本來應有的文句卻被刪除。而部派也有離合，使得每次聖典就會稍微有所變化。

　　如此一來，在佛陀入滅後約一世紀間，由於地域與部派的不同，而有相當不同的聖典成立。但是，某些部派經由嚴密的校對以決定本文，而有某些部派卻允許在某種程度上，各自作自由裁量。有時候即使是被清楚判定為佛陀的話語，

第2圖　共存・分化・合流・加入

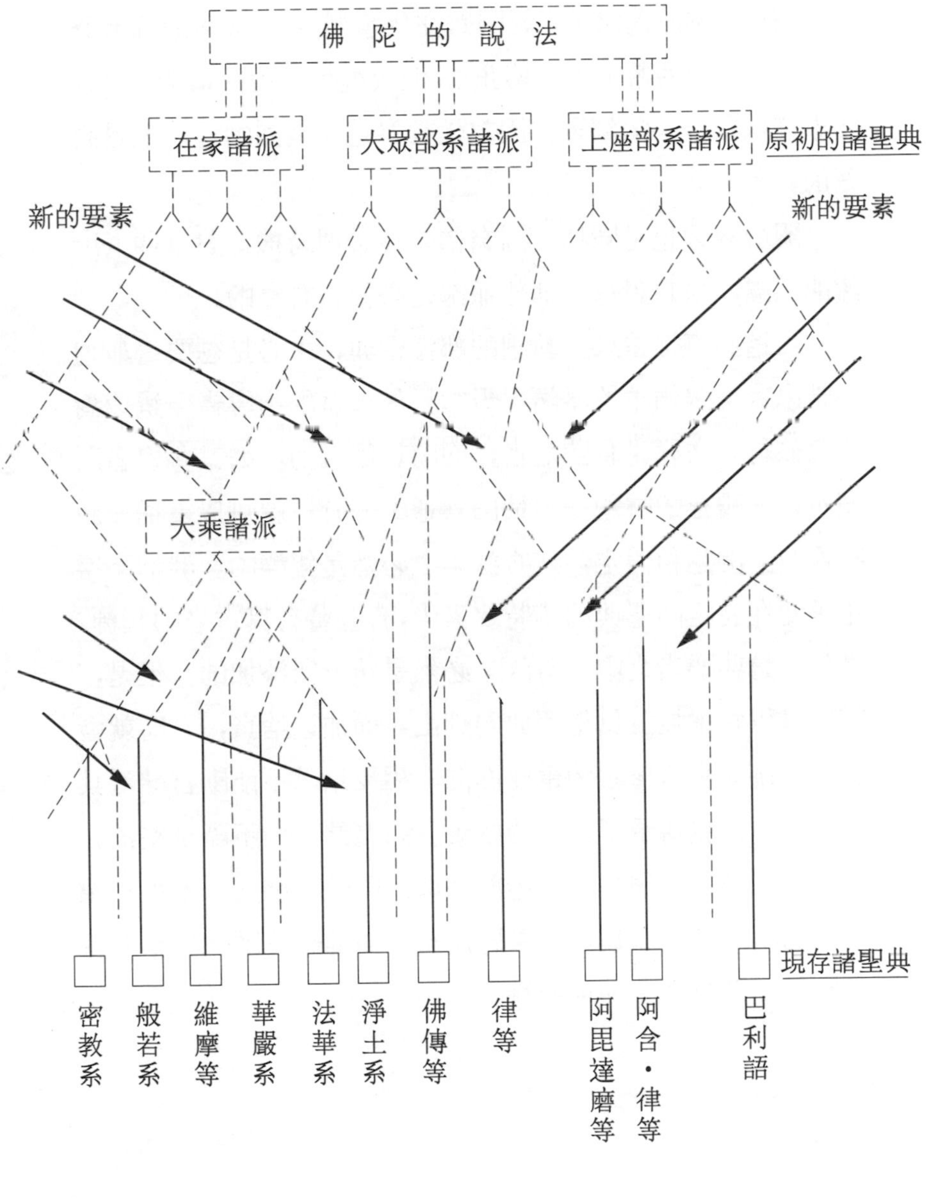

佛 陀 的 說 法

在家諸派　　　大眾部系諸派　　　上座部系諸派　原初的諸聖典

新的要素　　　　　　　　　　　　　　　　　　　　新的要素

大乘諸派

現存諸聖典

密教系　般若系　維摩等　華嚴系　法華系　淨土系　佛傳等　律等　阿毘達磨等　阿含・律等　巴利語

但某些部派卻故意不採納。

　　例如，佛陀入滅前，對阿難交代遺訓說：「戒律的細微條項，可依全體的希望加以廢止」，但大迦葉無視此遺訓，決定要原樣保留全部的細則。因為他認為這在教團的運作上是必要的。

　　關於教理也是同樣。因為佛陀在某個時機，對某些人所說的話語，未必對每一個部派都是必要、有益的。

　　由這些事情看來，教團的部派聖典，未必是想要毫無遺漏地忠實記錄佛陀的話語。毋寧是該部派的指導者所選取對實際修行有必要、有助益者，而將其集成的。如某些學者所認為，從現存的諸聖典中抽出共通的部分，就可以重構「原初聖典」的這種假定，在方法論上必然是錯誤的。我們不得不承認在特定的聖典的獨特要素中，有些會有其古老的起源。當然，這些要素之中，有許多必然是後世所添加的。但是，若只是以它未見於其他聖典為理由，而加以捨棄，有時就會看不到佛教古老形貌的重要面向。相反地，不能斷言諸派共通的記述，就傳承了古老的要素。因為諸派間不斷地交流，所以也可認為是後來由其他部派取入所致。總之，不能根據單純的兩、三個原理，就來區別聖典中的新舊層。毋寧要就個別的問題分別一一來考量。

二

現存的佛教聖典

審視中國譯經史，

我們不禁會產生兩個疑問：

第一、千辛萬苦傳入的印度原典，消失得無影無蹤，

從中國本土並未發現絲毫的斷殘編；

第二、不從事梵語教育，以培養翻譯的接班人。

漢譯大藏經

　　現今我們能夠得手讀誦的佛教聖典，除漢譯大藏經外，在量上幾乎可與之媲美的有西藏譯大藏經。與此兩者對應的梵本，現在大部分都已經散逸，只在尼泊爾、喀什米爾、阿富汗、中亞等地發現其中很少的部分而已。而源自古印度方言系統之一的巴利語聖典，乃特定部派所傳，流傳在錫蘭、緬甸、泰國、柬埔寨等地，分量大約是漢譯聖典的十分之一。

　　從量和質來看，現存漢譯大藏經都是最重要的，對於日本及中國佛教之研究自不待言，對印度佛教之研究，也是最珍貴的資料，所以本書將以此為中心來作解說，其他文獻只是附帶說明。

　　漢譯大藏經此一翻譯文學的龐大集成，並非有計畫地翻譯原本就以完整型態存在的文獻。而是一部一部地翻譯從西域及印度陸續帶來的典籍，自然地累積到相當的部數。因此，為了保存、普及這些文獻，因應實際上的需要而對它作分類、整理。奠定中國佛教基礎的道安，曾於西元374年編成《綜理眾經目錄》，依翻譯者的年代順序登錄所譯的經典，此乃最初的目錄。此目錄現已佚失，但可根據其他書籍之引用，略知其內容。而且，從那時候，開始匯集所譯的聖典並加以抄寫，剛開始稱為「眾經」，而隋開皇元年（581年）的公文書中，出現「寫一切經」的說法，後來才普遍使用「大藏經」一名。

譯經之始

　　佛教聖典的漢譯始於一世紀，但較有實際成果則是紀元二～三世紀以後。此時主要由從西域來的僧侶擔任翻譯工作。似乎也有經西域而來的印度人，但並不清楚。

　　三世紀中，中國早期出家者之一的朱士行，宣講《般若經》，但因有些地方難以通達，所以為了尋求梵本，於260年赴西域，在于闐得到原典；送回洛陽後，被翻譯出來，即現存的《放光般若經》。但朱士行自己卻留在于闐，八十一歲入滅。

　　到西方尋求聖典，朱士行是其中的先驅，接著陸續出現一些西行求法者，其中，特別受人注目的是法顯。

法　顯

　　法顯深感規範僧侶生活的戒律不夠完整，為尋求「經」、「律」原典，六十歲後，於399年與數位同伴從長安出發前往西域，千辛萬苦於402年到達印度的西北部。由此再到恆河流域佛陀故地，從405年起，約有三年間停留在摩竭陀國的首都華氏城，學習梵語，抄寫聖典。之後，順著恆河，從現在的加爾各答附近乘船到錫蘭島，在錫蘭滯留兩年（410～411年），獲得「經」與「律」。而後搭船到耶婆提（爪哇或蘇門答臘），

乘船返國時，漂流到山東省；抵達南京是413年。十四年的苦難之旅，同行者或客死途中，或留在當地，平安回來的僅法顯一人。

　　法顯冒著生命危險西行，只為取得聖典，特別是「律」的原典，但因寫本很難取得，必須在各地尋找而後抄寫。法顯帶回來的除了「律」外，還有各種「阿含」和「論」等，有些自己翻譯，有些則是同學幫忙。在法顯前後時期翻譯的諸本「阿含」和「律」，到現在都還是極為重要的研究資料，而其中心人物可以說就是法顯。此時這些團體將所謂「原始佛教」與「小乘佛教」的重要資料加以漢譯。

　　法顯的旅行見聞記即《高僧法顯傳》（或稱《佛國記》、《歷遊天竺記傳》），此一珍貴的記錄受到相當的重視，數度被譯成歐語，並加以研究。

羅　什

　　正當法顯尋求佛典遠遊西方之際，有西域學僧在401年抵達長安，名叫Kumārajīva。

　　Kumārajīva音譯作鳩摩羅什（350～409年），簡稱羅什。其祖先世代為印度某地方的宰相，父親出家為僧，停留在新疆的龜茲國時，與國王的妹妹結婚，生下鳩摩羅什。而鳩摩羅什的母親亦出家為尼，他也在七歲時出家。八歲的時候與母親一起到印度的喀什米爾(Kaśimīr)（譯者按：古稱迦濕彌

羅Kaśimīra）學習「阿含」等以及小乘佛教。歸途中在沙勒
(Kaśigar)學習大乘佛教，並確信大乘的殊勝。後來在龜茲專
研大乘「經」、「論」以及小乘「律」。

　　當時，中國北部係由半開化的非漢民族所統治。其中有
位國王在382年派兵攻打龜茲。龜茲投降，三十二歲的鳩摩羅
什被捕，被迫與龜茲國的公主結婚，之後又被帶到中國。此
時正值政權更迭頻仍之際，鳩摩羅什居無定所，401年才在長
安覓得安住之地，至409年入滅前的九年間，完成輝煌的譯經
事業。

　　鳩摩羅什從小學習並背誦許多佛教聖典，而在被俘虜期
間，學好了中國話。再加上在當時文明中心地長安，動員了
許多傑出的助手，可以一面宣講、討論教義，一面進行翻譯。
在當時，所有足以創造優異譯文的條件都完全具備。鳩摩羅
什的譯文，廣為受持讀誦，現今亦常被運用，一點也不足為
奇。即使到了唐代有了新的翻譯，鳩摩羅什譯文的光彩也從
未消失。

　　鳩摩羅什的譯業包括《般若經》、《法華經》、《維摩經》、
《彌勒經》、《阿彌陀經》等大乘經典，《中論》、《百論》、《十
二門論》、《大智度論》等以龍樹為鼻祖的印度中觀派論書，
小乘論書《成實論》等，這些對後世中國和日本佛教的形成，
都扮演了非常重要的角色。鳩摩羅什廣博的佛教知識，也傳
達出當時喀什米爾與中亞的情況，這是至為重要的。

《華嚴經》等

　　法顯與鳩摩羅什之外，還必須介紹的是：北印度出身的佛陀跋陀羅(Buddhabhadra)於402年翻譯《華嚴經》六十卷；中印度出身的曇無讖(Dharmakṣema)於421年翻譯大乘《涅槃經》四十卷。此二大經典分別成為華嚴宗與涅槃宗的源頭，後來唐代亦有新譯，但亦不可忘卻古譯本的功績。曇無讖翻譯的《金光明經》四卷也同樣廣為流行；他翻譯的《勝鬘經》現已失佚，但同時代求那跋陀羅(Guṇabhadra)的譯本，現在也常為人讀誦。

　　此外，由於國內外諸多譯者們的努力，到六世紀末的隋代，大小乘重要經典的漢譯已大致完備。在此無暇一一敍述，但絕不能忽視終其一生有志難伸的偉大譯經僧Paramārtha。

真　諦

　　西印度出身的Paramārtha，又名Kulanātha，漢譯作真諦(500～569年)。當時，聽說統治中國南部的梁武帝致力宣揚佛教，尋求人材與聖典，於是就帶著二百四十包的聖典渡海到中國，於548年抵達南京。武帝大喜，恭敬迎接，但不幸當年發生叛亂，翌年武帝駕崩，於是真諦開始約二十年間漂浮不定的生活。當時亦有不少仰慕真諦德風而來從學的弟子；

又雖有當政者邀請，但因各國不斷的內亂，安身之處難尋。不過，雖處在艱困的生活環境下，真諦還是翻譯「經」與「論」，為弟子宣講，並著作注釋書。他一度想回印度，但為暴風所阻，未能成行；有一次甚至過於絕望，想要自殺。568年弟子們商議，欲將真諦送到南京，但當時天台宗智顗大師的勢力龐大，其門徒以「教義對國家有害」為由，阻擋此印度梵僧進京。翌年正月，真諦鬱鬱而終，世壽七十。

　　真諦的一生是如此多災多難，入滅後，其派系也不盛行，貴重的著作大多散失；譯業亦未能完整保存。但是真諦的譯著，特別是有關「唯識」、「俱舍」的論書，對後世影響甚大。如後所述，玄奘初學佛教哲學，主要還是依據真諦的譯本。後來玄奘自己重譯這些經論後，真諦的翻譯就被稱為「舊譯」，幾乎不受重視。但若從現在原典批判的立場來說，真諦的舊譯反而常比玄奘的新譯更忠實於印度原典，現在正被重新評價中。

　　即使譯文保存得不完整，亦可看出真諦學識才能的傑出。實際上，真諦帶來的梵本數量甚多，若二百二十包全數譯出，將多達二萬卷以上。現在出版的《大正新修大藏經》中，前三十二冊是翻譯，一冊約收錄二百卷，所以如果真諦帶來的梵本全數漢譯完成，應該是現存大藏經所收翻譯分量的三倍，且是當代一流的印度梵僧特別挑選帶來的。若真諦能在順境中專心從事翻譯，那麼中國佛教的歷史將完全改觀，今日我們所擁有的佛教史知識也將更為豐富。這也是一個只因當權

者及其黨羽的意志而喪失尊貴文化傳承的例子。

玄　奘

　　閱讀真諦翻譯的「唯識」、「俱舍」論書，矢志自己重新翻譯、研究這些經典以及形成其背景之佛教聖典的人是玄奘（600～664年）。玄奘生於洛陽，在當地出家為僧。未得朝廷許可，毅然於二十九歲（629年）隻身西行前往印度。翻越當時城市國家散布的新疆，從阿富汗的巴米楊(Bāmiyān)經過健陀羅，抵達佛陀曾經活躍的地區為止，就花了四年的時間。在位於中印度摩竭陀國的那爛陀佛教大學，四年間主修「唯識」、「俱舍」。後來旅遊各地，足跡甚至到南印度，在643年踏上歸途，歷經重重艱難，在645年正月平安回到長安。離開長安時形同秘密出境，但返國之際，卻有數十萬人迎接。帶回的梵本據說有五百二十包六百五十七部。後來，在皇帝的庇護下，直到入滅前的十九年間，專心致力於翻譯。就量上而言，最大部的經典是《大般若經》六百卷，佔了《大正新修大藏經》中的三冊。完成於入滅前一年。進而要著手翻譯《大寶積經》，但預感時日不多而作罷。全部完成七十五部一千三百三十五卷的翻譯，其中有關唯識方面，除《瑜伽師地論》外，尚有《成唯識論》等，帶回唯識經論正是玄奘本來西行的目的；小乘論部方面，以《大毘婆沙論》二百卷為首，包含《俱舍論》等。這些經論到現在都還是佛教哲學研究的

基本資料，受到相當的珍視，因為其原典大部分都已失佚，所以近些年來，有些漢譯本還被翻譯為法文等。

又，玄奘著有旅行記《大唐西域記》十二卷。這些是要了解當時印度及中亞相當重要的史料，為世人所注目，還被翻譯成歐洲語言且受到研究。

作為旅行家或翻譯家，玄奘卓絕的才能、周詳的計畫、堅持不懈的努力乃至驚人的毅力都值得最崇高的讚嘆。由於玄奘的出現，令中國佛教有了一大躍進。

那提三藏

玄奘的功績是不朽的，無從比擬的，但從反面來看，也不免有天才勤奮者所易有的自負與獨斷之嫌。若把玄奘所傳者看作是當時印度佛教的全部，這是不正確的。

《續高僧傳》的著者道宣亦通曉印度原典，也曾經參與玄奘的翻譯事業，並以「律」學權威而聞名。他在《續高僧傳》卷四，敘述有關玄奘的翻譯事業後，還花了相當的篇幅介紹印度梵僧那提三藏（Puṇyodaya，或譯作福生）。

依據《續高僧傳》記載，那提三藏出身中印度，年輕出家為僧，遊化各地，亦曾遠渡錫蘭，精通諸國語言，四處布教。因偶聞中國佛教興盛，便攜帶大乘和小乘「經」、「律」、「論」五百多包一千五百多部，於655年抵達長安，被安排住在慈恩寺。當時正是玄奘翻譯事業如火如荼展開、聲譽如日

中天之際，並未能顧及遠從印度來的學僧。翌年那提三藏受皇帝命令，為採集珍貴藥草而被送往南海。南海地區（中南半島等地）的國王們為他建立寺院，使其弘揚佛法。但就他個人而言，一方面此行乃受唐朝皇帝命令，一方面認為非將放在長安慈恩寺的梵本翻譯出來不可,所以就在663年回到長安。但是，就在這之前（659年），玄奘為翻譯《大般若經》離開長安，移住離宮玉華寺，並將那提三藏的梵本也帶走了。縱使那提三藏想要翻譯，也已經沒有梵本，所以僅翻譯《八曼荼羅經》(正確地說，應是《師子莊嚴王菩薩請問經》)、《離垢慧菩薩所問禮佛法經》以及《阿吒那智經》二部。其中，前二者收錄於《大正藏》第十四冊，而最後一部早已散佚。雖然是小部經典，但都是玄奘譯經所未含括的重要資料。那提三藏二度來到長安的同年，又以採集藥草為由，得到皇帝的允許前往南方，而後未再回來。那提三藏除精通大乘中觀派教義外，亦精研小乘諸派的「律」，也通曉婆羅門教聖典《吠陀》；著有《大乘集義論》，據說此著作若漢譯，應有四十卷以上。

　　那提三藏從印度帶來的梵本，就包數而言，與玄奘約略相等，但就部數而言，約有兩倍以上。而且玄奘實際翻譯出來的只不過是帶回來的一成左右，剩下來的都沒有被運用，就永遠地消失了。

　　曾經參加玄奘的譯經事業，詳述其傳記且不惜給與絕佳讚譽的道宣，也特別為那提三藏撰寫傳記，記述譯經序，感

嘆不已。那提三藏的際遇不佳豈止於此，就我所知，至今連日本權威的佛教辭典中，甚至連其名字都未正確記載。在這樣的情況下，英年早逝的中國學者林藜光於1935年在法國《亞細亞雜誌》(*Journal Asiatique*)所發表長達十八頁的論文，介紹那提三藏其人及其譯業，至少足堪慰藉。那提三藏的挫折，對中國佛教而言，特別在玄奘譯作所欠缺的中觀、密教、律的領域中，是無可挽回的損失。可知即使在單純的學問的世界中，成功者榮耀的陰影下，也不可避免有失意者的犧牲。

義　淨

　　仿效法顯與玄奘矢志西行印度者中，義淨 (635～713年) 是非常重要的一位。義淨與二位前輩不同，他671年從廣東由海路出發，經蘇門答臘，於673年到達現在的加爾各答附近。在印度主要停留在那爛陀，在那裡的佛教大學學習了十年。685年循原路乘船回國，在現今的蘇門答臘停留數年，停留期間著述兩種見聞記，692年送到京城，自己則在695年回國。他所攜回的梵本約有四百部，其後的十八年間，翻譯其中的五十六部二百三十卷。其中有《金光明經》等大乘經典，但義淨與法顯同樣致力於「律」的翻譯。特別是想要以完整的型態來翻譯小乘「有部」的「律」，結果沒有成功。

　　義淨的譯業大約是玄奘的六分之一，不容否認其譯文顯得比玄奘遜色，但其人格是誠實的。義淨的見聞錄之一《南

海寄歸內法傳》四卷，詳細地說明印度和南海佛教僧侶的實
際情況。另一著作是《大唐西域求法高僧傳》二卷，記述赴
印度及南海求法的中國及其周邊地帶的六十位僧侶的略傳；
他們辛苦遠赴他國，獻身於學習、抄經，而且大部分最後都
沒有回到祖國。若無義淨的記述，這些人甚至連名字都不會
留下來。就因為有這麼多可貴的犧牲，印度佛教才能夠傳入
中國。

無　行

　　義淨所記述的人，其中之一是無行；他經由蘇門答臘、
錫蘭到達印度，在那爛陀做研究。義淨在那裡遇到無行，相
偕去朝拜佛陀聖跡。無行那時學習大乘的瑜伽師派及中觀派，
也涉獵法稱(Dharmakīrti)的因明（論理學），並翻譯小乘的「阿
含」及「律」。而且他抄寫密教根本聖典《大日經》，此寫本
後來被送到長安，成為善無畏724到725年翻譯時的底本。其
中，如法稱的因明，從未傳到中國，到了二十世紀，才為歐
洲的學者所研究；近年來，日本也開始著手研究。

　　即使看無行一例，也就可以知道當時印度佛教的視野比
玄奘、義淨的譯經所呈現的要寬廣得多，而且中國僧侶在海
外的研究熱潮亦相當盛行。收錄於《大藏經》而流傳到後世
的，只不過是其中的一部分而已。

新譯《華嚴經》

　　義淨也參加八十卷《華嚴經》的翻譯（699年），而其譯者是來自于闐的實叉難陀(Śikṣānanda)，而從南印度來的菩提流支(Bodhiruci)亦協助翻譯。如前所述，此經典乃佛陀跋陀羅在420年翻譯的六十卷《華嚴經》的增補版。此新譯的完成促成法藏集華嚴宗大成的機緣。

密教經典

　　佛教中也有重視神秘直觀與象徵性儀式的傾向者，稱為密教。其所禮拜的神像與咒語都有複雜的體系。從三世紀左右開始，此傾向就已為中國所知，六世紀也知道有所謂真言（咒文）及印契（雙手手指交疊，表現出各種有象徵意義的手勢），開始盛行祭拜種種尊像，藉由各種儀式以行供養。玄奘翻譯的經典中，也包含有密教的要素（有名的例子如《般若心經》的真言：「揭帝、揭帝、波羅揭帝、波羅僧揭帝、菩提、莎訶」）；義淨譯有十五部密教經典，但二人皆未深入密教。然而當時在印度、南海方面，密教已經相當盛行。

　　Śubhakarasiṃha漢譯作善無畏（637～735年），從印度經中亞，在716年抵達長安。善無畏專譯密教經典，其中最重要的是《大日經》七卷，詳言之即《大毘盧遮那成佛神變加持

經》，據說是以前述無行的寫本為底本。

接著，Vajrabodhi（671～741年）從南方海路，在719年到達中國。Vajrabodhi漢譯為金剛智，約二十年間翻譯密教聖典。

進而，金剛智的弟子Amoghavajra（705～774年）漢譯為不空金剛，以中國、印度兩種語言為母語，因此可以運用自如，獨力翻譯許多重要的密教聖典。根據某記載，不空金剛翻譯有七十七部一百二十餘卷，但現存者卻多達兩倍。無論如何在專門翻譯密教聖典這一點上，他的成就是無與倫比的，在774年以七十歲入滅。

中國譯經的特質

審視中國譯經史，我們不禁會產生兩個疑問：第一、千辛萬苦傳入的印度原典，消失得無影無蹤，從中國本土並未發現任何的斷簡殘編；第二、不從事梵語教育，以培養翻譯的接班人。針對第一個疑問，或許戰亂是其理由之一，但也可說是因為一旦翻譯完成後，對原典的保存就不太關心。

有關第二個疑問，可就中華思想來看，對學習外語沒有興趣或許是其主因，這一點和古希臘相似。

唯一的例外是曾經有一梵語教學的機構。

譯經院

　　到了宋代，982年太宗時，在開封太平興國寺迎接天息災、施護、法天三位梵僧建立譯經院，讓三人從事翻譯（此三位梵僧之印度名未有記錄）。譯經院還附設印刷所；翻譯者與助手由國家任命。當時天息災等人曾奏請選拔五十位中國少年，讓他們學習梵語，以防將來不再有梵僧來華。於是選出惟淨等十位，讓他們學習梵語。在此值得注意的是，這是印度人的提議。

　　當時，印度僧人陸續攜帶梵本來華，譯經事業亦進行順利。999年時，曾有廢除譯經院之議，但皇帝不為所動繼續原計畫，1036年更選拔五十位少年，學習梵語。但後來逐漸衰微，終於在1119年連太平興國寺也一併廢止。好不容易展開的譯經以及後繼者的培養也被中止，所蒐集的梵本也消失無蹤。

　　譯經院翻譯的經典多達五百六十四卷，很多是密教經典，而屬於論的有部派佛教的《施設論》（法護等譯）、中觀派的《大乘中觀釋論》（惟淨等譯），可稱為大乘佛教概論的《大乘集菩薩學論》（法護等譯）等，皆是佛教史上的重要文獻。雖然好不容易翻譯了這些論書，但因無宗派的背景，所以從來就很少被研究，但對現今的研究而言，是彌足珍貴的文獻。然而若從原典批判立場來看，並不能算是傑出的譯業，對照

原文後，可以發現有很多誤譯及漏譯。

　　到了元代已經不太譯經。忽必烈的國師八思巴（1239～
1280年）所著的《彰所知論》二卷，在1314年以前由其弟子
沙羅巴譯出，除此之外，只有三位譯者各翻譯一部小經典，
但年代並不清楚。

　　漢譯事業實質上可說是隨著宋代譯經院的廢止而終結
了。

大藏經之刊行

　　如此，來源不同的諸多書籍在長達千年以上的時間中，
由諸多的譯經者翻譯，這些翻譯的集成稱為「一切經」或「大
藏經」。三世紀左右，已經譯出相當的分量；除了單經的抄寫
之外，也被當作完整的文獻集處理，抄寫來加以保存。到了
四世紀末，就製作目錄並分類。現存最古老的目錄是紀元500
年左右所作的《出三藏記集》十五卷，到十三世紀末元代所
作的《至元錄》為止，主要的目錄書有十多種。由這些目錄
可以得知：在什麼時代有哪些經典譯出，以及當時現存的經
典有哪些，此外還可知道譯者的年代與傳記等。

　　外文翻譯之外，中國的著作與編輯也被視為大藏經的一
部分。新翻譯或新著述編輯的作品編入大藏經，稱為「入藏」。
從南北朝末約六世紀起，由國家保護監管佛教，「入藏」一事，
表面上也成為官吏的工作。

六世紀中葉以來，書寫「一切經」的風氣興盛。由隋而唐，由唐而宋越來越盛行。日本也有於673年抄寫「一切經」的記錄。

印刷術在中國隋代開始，明記為唐咸通九年（868年）刊行的《金剛經》刊本，在敦煌千佛洞被發現，現藏於倫敦大英博物館。宋代完成大藏經的最初刊行，即971年（或972年）至983年於四川省成都完成十三萬片版木，稱此為「北宋版」，或依成都古名稱為「蜀版」。宋代來華留學的日僧奝然於986年帶了一套新刊的「大藏經」回到日本；其總數據說有五千零四十八卷，但「蜀版」未完整保存，在日本現僅存二卷實物。

之後，大藏經在中國、朝鮮及日本約有二十幾次的刊行，其中最新且最完備的是《大正新修大藏經》。

《大正新修大藏經》乃由高楠順次郎、渡邊海旭監修，從1924年至1934年間，以新式大八開精裝本，在東京刊行八十五卷。其中也包含中國、朝鮮、日本的著作，其中從印度（乃至其周邊地區）的語言翻譯而來的經典，收錄在前三十二卷。每卷平均一千頁，每頁分三欄，每欄二十九行，每行約有十六字，約略算之，則三十二卷約有四千萬字，經典總數共一六九二部。其中重譯經典為數不少，所以實際書目的總數比這要少許多，但作為翻譯文獻之集成，這樣的量已是世界絕無僅有了。

《大正新修大藏經》也效法以前諸版的成規，將翻譯的

部類分為「經」、「律」、「論」三部門。之前的版本又將經、律、論三部門再各自分為大乘與小乘，新修版則放棄此區別，採用更合理的區分。

漢譯大藏經的特色

漢譯大藏經的特色如下。

第一、量多。在大部分印度原典都已佚失的今日，要理解印度佛教歷史，漢譯是最重要的資料。

第二、僅就量上來說，後述的西藏大藏經幾乎也可媲美漢譯，藏譯始於八世紀後，但中國在五世紀已經翻譯了現今仍被廣為讀誦的經典；六、七世紀時，主要經典的漢譯皆已齊備。也就是說，漢譯最能反映印度佛教的全盛時期。

第三、同樣的聖典有多種譯本。在印度即使是相同的典籍，也會隨著時代的變遷，而有改訂或增補，也會有古資料的流失。漢譯保存了其新舊形態，所以可以追尋其變化發展的軌跡。

第四、因漢譯年代大體皆有正確的記載，所以可據此重構印度文獻史。

此外，應該注意到這樣的事實，也就是說漢譯大藏經亦直接或間接地影響到日本文學，與今日吾等的精神生活不無關聯。

但是，反過來說，漢譯資料也不是沒有它的缺點。因為

中國文學與印度文學都有古老的歷史，有其各自的發展，所以將印度原典翻譯成漢語時，未必能忠實於原文。

　　一千五百多年間廣為人讀誦的鳩摩羅什譯文，即是如此。如《法華經》第八章有如下的經文。首先，從梵語原典來翻譯，則為：

　　諸神見諸人，諸人亦見諸神。

　　古漢譯（《正法華經》）譯作：

　　天上視世間，世間得見天上。

　　但鳩摩羅什譯的《妙法蓮華經》則譯成：

　　人天……兩得相見。

　　又，同經〈提婆達多品〉中，描寫龍王之女突然轉女成男而成佛時，原文作：

　　其女根消失，男根出現。

　　漢譯兩本皆委婉地譯為：

變成男子。

　　這種顧慮在鳩摩羅什的漢譯中非常周詳,也正因為如此,作為漢譯相當易讀, 但在某些問題上, 有時候也不免有遠離原典之嘆。

　　玄奘以後的譯文較忠實於原文, 即使如此, 為尊重漢文的成規與習慣, 以使譯文易懂易讀, 有時候也有重新編輯本文的痕跡。即使是現代要將他國語言翻譯成英文等, 為尊重英文本身的表現形式, 甚至要犧牲對原文的忠實性; 即使從語法構造相近的法文、德文等譯成英文時, 常常很難從英文去推定其原文。漢譯佛教聖典同樣也有此困難。將此視為缺點或許不太恰當, 但從原典批判的立場來說, 這確實是相當棘手的問題。因此, 很難逐字來作梵漢對照。

西藏語聖典

　　與漢譯相反, 藏譯幾乎是原封不動地從印度原典轉換而成, 近乎機械式; 所以儘管語言的構造完全不同, 但要從藏譯還原為梵語, 並不是那麼困難。然而對漢譯來說, 這幾乎是不可能的。

　　西藏的古代史並不清楚, 而七世紀前半松贊干布王(Sroṅ btsan sgam po)認為有必要翻譯印度佛教聖典, 於是就派遣土彌‧三菩陀(Thon mi sam bho ṭa)等十六人到印度; 他們歸國

後，仿效印度文字，製作西藏文字，制定藏語文法，從此開始譯經。可見西藏在佛教譯經之前，並沒有文字。因為語彙貧乏，所以譯經後才開始有文字書寫的文學。和漢譯情況不同，藏語文體是和印度佛教聖典一起開展的。

因此，儘管藏語文法和構文與印度的語言完全不同，但仍可將藏譯佛教聖典視作為原典的忠實模寫。此外，譯經事業幾乎完全假國家之手執行，為印度學者與西藏翻譯官的共同作業，而且還有校對原典的專家，如此嚴格謹慎來進行翻譯，遇有必要再作校訂。西藏與印度之間交流不斷，尤其是八世紀以後，陸續有梵僧移住西藏，與遠隔的中國有諸多相異。印度佛教七、八、九三個世紀間的重要聖典，藏譯遠比漢譯豐富。但是說到五世紀或這之前的文獻，常常有漢譯而無藏譯，或者同一部經典，漢譯保存比藏譯更古老的型態。

又，雖然為數極少，但也包含從漢文翻譯而來的藏譯。從印度原典之漢譯轉譯而來的重譯（如大乘的《涅槃經》等）之外，很有趣的是也包含了新羅出身的玄奘弟子圓測所著的《解深密經疏》，這是被同門視為異端者珍貴的作品。

一般習稱為「西藏大藏經」，而在西藏則是以「聖語部」（Bka' 'gyur，甘珠爾）與「解說部」（Bstan 'gyur，丹珠爾）二大部名稱之，但無二者之總稱。最初每部經典皆以抄寫流傳，從十三世紀左右，開始使用木版作整部的印刷，之後，常製作新的版木。現今日本摺本中最好的是，十八世紀初的德格(Sde dge)版；根據《西藏大藏經總目錄》(東北大學藏版)

可得知其内容。又十七世紀至十八世紀間所作的北京版，後來遭遇兵燹，版木燒毀，而日本的大谷大學尚存一組摺本，數年前，曾公開寫真版。此外，奈唐(Snar thaṅ)版、卓尼(Cone)版等，日本皆有摺本。

「聖語部」與「解說部」二大部的區分，是所有版本共通的，而各版本分別又有其不同的細分，但内容大致上是相同的；不過，其中有些版本，也會省略某些經典。

「聖語部」是佛陀的教說，收錄「律」和「經」。其中「律」主要以小乘有部所傳為主，這和漢譯的「律」大致包含七個部派所傳，形成一種對比。又「經」以大乘經典為主，也附帶有小乘經。

「解說部」則包含所有不屬於「聖語部」的翻譯，相當於漢譯的「論」，收錄「經」的注釋、哲學、文學以及學術性著作。

以上「聖語部」與「解說部」的總和，在量上可與漢譯聖典匹敵，若依據德格版共有四五六九部，其中僅百分之十五與漢譯有共通的内容。

在印度原典大部分都已散佚的今日，就其補足漢譯之缺的意義而言，藏譯聖典是極重要的資料。

巴利語聖典

用以書寫佛教聖典的語言，除印度標準文語的梵語之外，

顯然也使用一些方言，但是現在只有巴利語寫成的「三藏」
完整無缺地被保存下來，此乃以錫蘭島為首，在緬甸、泰國、
柬埔寨、寮國等東南亞國家盛行的「南傳佛教」所依用的聖
典，為「分別說部」（稱為Thera-vāda的小乘部派的一個分派）
所傳。巴利語聖典並不像漢譯、藏譯是各種不同系統的集成，
分量也只有它們的十分之一而已；在錫蘭等國分別以各自的
語言出版。此外，十九世紀至二十世紀，以英國巴利聖典協
會(Pāli Text Society)為中心，出版羅馬字版本。日本也在1935
至1941年間將全部本典與一部分注釋翻譯成日文，並加以出
版，稱為「南傳大藏經」。

　　巴利語聖典係由「經」、「律」、「論」的「三藏」組成。
「經」分《長部》、《中部》、《相應部》、《增支部》、《小部》
五部。前四部收錄各式長短的「經」，內容有不少與漢譯《阿
含經》相通。第五《小部》收錄十五部典籍，其長短、形式、
重要性也各有不同。其中，《法句經》(Dhammapada)、《經集》
(Suttanipāta)等集錄短篇教誡；《本生經》(Jātaka)是佛陀的前
生故事，係寓言、童話、民間故事的集成，特別著名。「論」
是哲學性的論書，如漢譯的「阿毘達磨」(abhidharma)，但共
通的部分並不多。

　　從十九世紀末，巴利語聖典引起歐洲學者們的關心以來，
有關其歷史評價的爭論紛起，至今未決。

　　根據錫蘭等地的傳承，巴利語與釋迦牟尼佛說法時使用
的摩竭陀國的方言相同；西元前一世紀傳到錫蘭的聖典，一

直延續至今。不過，西洋學者也沒有人完全信奉此說。然而，不管說巴利語是摩竭陀國的方言或印度西北地方的方言，總之，它是相當古老時代（或許是梵文佛教聖典成立之前）的語言，而用此一語言所書寫的最古老佛教聖典即是巴利語聖典，這樣的說法長期以來都佔有相當大的優勢。

　　十九世紀末，歐洲學者們提倡此說時，對梵語佛教聖典、漢譯、藏譯，知道的並不完整，所以會有如此的想法並非沒有道理。此外，不常雜有神話、繁雜儀式的南傳佛教型態，受到德國、英國、荷蘭等新教國家學者的喜愛，所以也就助長了將巴利佛教等同「原始佛教」（佛陀自身的佛教）的傾向（波蘭佛教學者榭爾(Schayer)所言）。即使是在日本，自從明治時代以來，許多巴利語學者主要出身淨土真宗及曹洞宗，或許也不是偶然。因為此二宗派排斥繁瑣的宗教儀式，明顯地訴諸宗教情感，在這點上與新教有類似之處。

　　但從二十世紀初開始，在歐洲也另行研究與「南傳佛教」相對的「北傳佛教」，特別在中亞等地發現梵語的佛教聖典以來，雖然只是片段，但對巴利語聖典的絕對優位也就有了質疑。若冷靜地從歷史方面來考察，佛教聖典在錫蘭完全齊備是在五世紀覺音(Buddhaghoṣa)的時代，這大致和法顯及鳩摩羅什屬同一時代。巴利語聖典之中，包含極古老的要素——其中一部分或許可以追溯到佛陀時代——這是事實，但是就北傳佛教的聖典，同樣也可以這麼說。不，甚至於當我們比較雙方處理同樣題材的經典時——例如記載佛陀最後數月情

況的《涅槃經》——漢譯的「阿含」比起巴利語更接近原初型態，這一點已經受到證實。

總之，巴利語聖典也只不過是曾經並存部派之一的一個傳承而已，偶然被保存在錫蘭直到現在。佛教自古即有許多傾向共存，不管是在思想上或者教團組織都曾經有過極大的差異，這樣的見解應該是正確的。佛陀自身的布教態度，似乎極有包容力。

儘管如此，但這並不是意圖要輕視巴利語聖典的思想乃至文學的價值。蘊含簡潔但意義深遠的短句、無數的溫馨故事、人生問題的適切指導等，為取之不盡的宗教文學寶庫，這是一個不爭的事實。但應放棄將巴利語以外的文獻一律斥為非佛所說的偏狹態度。

梵語聖典

駐留於尼泊爾的英國人荷澤森(B. H. Hodgson)從1833年左右開始在當地蒐集梵語佛教聖典的寫本。對其蒐集首先感到興趣的是法國學者畢爾努夫(E. Burnouf)，他根據尼泊爾的寫本，開啟佛教特別是大乘佛教研究的端緒。

十二世紀以降，佛教從大部分的印度本土消失後，雖然大乘佛教與印度教有了混合，卻依然持續存在於尼泊爾。在尼泊爾，以梵語書寫流傳的《八千頌般若》、《華嚴經‧入法界品》、《華嚴經‧十地品》、《月燈三昧經》、《楞伽經》、《法

華經》、《秘密大教王經》、《普曜經》、《金光明經》等九部經
典，稱為「九法」。這些在北傳佛教中都是耳熟能詳的漢譯與
藏譯經典。二十世紀初日本人亦在尼泊爾蒐集梵語寫本，現
藏於東京大學和京都大學，各有數百件，這些大多是「經」，
但也包含「論」，對於研究大乘佛教是很重要的資料。但抄寫
的年代較晚，最古老的也已經是十一世紀後半，❻很多是十七
世紀以後的。

另外，1890年英國的鮑爾（Bower）上尉在中國新疆省庫
車獲得《孔雀王咒經》的樺皮梵語寫本，以此為開端，英、
法、德、俄、日各國的探險隊，相繼在新疆各地以及敦煌等
處發現古寫本。大部分都只是斷簡殘編，但因為這些發現，
使得古代佛教聖典的知識顯著地增加。從字體來判斷，也有
四世紀後半的經典，但大部分被推定為七世紀至十世紀寫成。

1930年在阿富汗的巴米揚（Bāmiyān），發現相當多的寫
本斷片。此地曾是法顯、玄奘從中國到印度途中經過之處，
當時佛教盛行。此寫本斷片包含各式各樣的文獻，若從其狀
況來判斷，最晚不會晚於七、八世紀，或許還包含更早的資
料。

翌年1931年，在印度喀什米爾的吉爾吉特(Gilgit)發現大
量的梵語寫本，這也被推定不晚於八世紀。其中，包含了被

---

❻ 河口慧海在西藏得到的尼泊爾系《法華經》寫本，據說是八世紀的，
　但是這種說法是錯誤的。如書後的跋所明記，若換算成西元，係1069
　～1070年所抄寫。

認為是屬於六世紀的《法華經》等重要的佛教聖典。吉爾吉特發現的寫本中,《說一切有部律》、《金剛般若經》等已經出版,但其他大部分的內容尚不清楚。

以上是現今我們可利用的主要梵語佛教聖典的來源。此外,日本法隆寺等處也保存有古梵語寫本。從字體看來,是屬於七至八世紀,雖然量少,但日本自古以來,就有研究的傳統,特別是慈雲尊者飲光1759至1971年研究這些寫本,著有《梵學津梁》一千卷。大部分未刊行,親筆寫本保存於大阪府河內的高貴寺。

梵語佛教聖典並未以彙整集成的方式流傳,若參照漢譯等,大體可分類如下。

第一、如前所列為尼泊爾「九法」的《法華經》等大乘
　　　經典。

第二、同樣在尼泊爾以寫本流傳的《普曜經》,以及《大
　　　事》(*Mahāvastu*)、《撰集百緣經》(*Avadāna-śata-*
　　　ka)、《聖緣經》(*Divyâvadāna*)等佛陀的傳記、傳說
　　　及其他故事等的集成。

第三、密教方面的經典。

第四、「阿含」和「律」。

第五、「中觀」、「唯識」、「俱舍」、「因明」等佛教哲學論
　　　書。

第六、佛教文藝作品。

其中,第四至第六種的文獻乃以文法正確的標準梵語書

寫，而第一至第三種則隨宜使用夾雜俗語的非正規梵語，狹義稱為「佛教梵語」。❼因為以一般大眾為對象，所以文體自由，不受嚴謹文法的拘束。

　　以上的佛教聖典，學者們陸續在英國、法國、德國、俄國、美國、義大利、印度以及日本出版，現在也持續進行中，但還沒有整體的綜合出版計畫。❽

各國語言的聖典

　　以上依語言種類概觀現存的佛教聖典，包括漢譯、藏譯、巴利語、梵語的文獻。此外，也有一些少數的印度方言（Apabhraṃśa 語、古代孟加拉Bengal語），而且也發現以新疆古代死語（于闐Khotan、龜茲Kuche、回紇Uighur、西夏語等）所寫成的文獻，並加以研究。但在我們這本小書中，暫時不管這些文獻。考慮到本書讀者的立場，就僅以漢譯聖典為中心來做討論，遇有必要，再對照漢譯以外的文獻。

────────────────

❼ 若依據從前一些學者的說法，是在欲以標準的梵文將原來以俗語寫成的經典「翻譯」成標準梵語時，在這過程中所產生的即是「佛教梵語」。但現今較佔優勢的學者之說（法國的印度語學者盧努），則認為是習慣使用俗語的學者，想要使其寫作更像梵語，而用「佛教梵語」的文體。隨著其愈加嫻熟而愈接近標準語。

❽ 戰後印度的德爾班加(Darbhaṅga)，成立出版二十五卷主要佛教梵文文獻(Buddhist Sanskrit Texts)的計畫，大部分已刊行。雖然使用方便但缺乏一些重要的文獻，且校訂未必嚴密。

經的形式與實例

我沒看過比心動得更快的東西，

沒有什麼東西可與之相比。

但若要舉例說明，

就像猿猴捨棄一物又取一物，心不安定。

心這樣的東西也是如此。

前一刻所想的和後一刻所想的有所不同。

修行僧們啊！

因為如此，所以普通人無法觀察心的本源。

法身偈

　　佛弟子用各種形式言傳佛陀的話語，也喜歡用詩的形式。

　　佛陀開始弘法後不久，有一次停留在摩竭陀國首都王舍城的郊外。最初期弟子之一的馬勝(Aśvajit)比丘到村子托缽，修行者舍利弗(Śāriputra)見到他立刻上前請益。

　　「你的威儀清淨莊嚴，請問你的老師是誰?」
　　「我的老師是釋迦族出身的世尊。」
　　「你的老師教你什麼?」
　　「我入道時日尚淺，無法詳細說明法的內容，只能簡單地告訴你它的意義。」

　　他所說的就是如下的詩句:

　　事物乃有原因才能生起
　　如來說其原因
　　而其滅也是如此
　　偉大的沙門如此教示

舍利弗聽聞後，立即體悟其義，遂邀請好友目犍連(Maudgalyāyana)一起去找佛陀，成為其弟子。

　　前述是巴利語《律藏大品》介紹舍利弗皈依佛陀的故事，
但此故事在各種聖典中的記載稍有不同，前揭詩句多少也有
差異，而且有些本子不是用詩，而是以散文的形式來敘述，
有些本子則完全省略。

　　在《大事》(*Mahāvastu*)（三‧六一）中，馬勝變成優波
斯那(Upasena)，他回答舍利弗的問題，只簡單地說：「師依緣
起法，教導解脫」。舍利弗立即理解其義，返家後，立即以詩
的形式向好友目犍連講說此教法，此同於前揭詩句。

　　《佛本行集經》卷四十八（《大正藏》三‧八七六中以下）
中，馬勝比丘對舍利弗所說的詩句，與舍利弗理解後說給目
犍連聽的詩句多少有些不同，既然如此，這說明了這些是編
輯經典者的用詞，因部派的不同而有傳承的差異。

　　此詩句常被附記在大乘經典梵文寫本的末尾。在佛教廣
為人知的詩句中，或許是最古老的詩句之一。漢譯也是各式
各樣的，舉出較忠實於原文的義淨譯（《大正藏》二三‧一○
二七中下）如下。

　　諸法從緣起
　　如來說是因
　　彼法因緣盡
　　是大沙門說

　　此乃廣為人知的「法身偈」，係簡潔表現佛陀的本體亦即

真理本身者──法身──的詩句。從其內容，也可稱為「緣生偈」或「緣起偈」。

諸行無常偈

與「緣起偈」同樣有名而廣為人知的是「無常偈」。巴利語、梵文之外，也有幾種漢譯。根據梵語本可譯作：

啊！諸現象是無常的
擁有生滅的性質
生而又滅
若這些事物能靜息則為安樂

若根據「阿含部」的《涅槃經》（《大正藏》一‧二六下、一八八下），佛陀在拘尸那竭(kuśinagara)入滅時，諸天神和人們曾唱誦各種詩句。其中，帝釋天所唱誦的即是此詩句（巴利語《長部》二‧一五七等）。

但即使同樣是「阿含部」，在其他地方（《大正藏》二‧一五三下、四三五上、六七二中；巴利語《相應部》一‧六、二‧一九三等），則是在別種情況下說此無常偈，與佛陀的入滅無關。

又若根據《本生經》（一‧三九二）中的故事，從前大善見王(Mahāsudassana)臨死前，為安慰王妃與大臣們而說此詩

句。

　　此詩句在漢譯所傳大乘《涅槃經》裡，是出現於以下的故事中。

　　「釋迦牟尼佛前生在雪山（喜馬拉雅山）修行，當時因佛陀未出現於世，於是修行者祈求希望能知道正確的教法。帝釋天知其心念，即現鬼形，唱誦『諸行無常，是生滅法』二句。修行者感激之餘，懇求再教導後二句偈頌，但餓鬼說因肚子餓無法再說，於是修行者就答應要以自己的身體奉施餓鬼。當他聽到『生滅滅已、寂滅為樂』二句後，即將此詩句寫在周遭，爬上樹縱身而下。餓鬼立刻恢復帝釋天之身，救起修行者」。此修行者稱為「雪山童子」，所以此詩句名為「雪山偈」。

　　幾個漢譯的例子中，出自《涅槃經》卷十四（《大正藏》一二·四五〇以下；六九二以下亦同）的漢譯文，是日本至今最為人熟知的詩句。

　　諸行無常
　　是生滅法
　　生滅滅已
　　寂滅為樂

將此漢譯的意味寫成「今樣歌」（譯者按：所謂「今樣歌」，意思是「現代式歌曲」，專指日本平安朝時代的流行歌，通常

是由四句七五調組成。）就是如下的「いろは歌」。

　　色は匂へど　散りぬるを
　　我が世誰ぞ　常ならむ
　　有為の奥山　今日越えて
　　浅き夢見じ　酔ひもせず

一般傳聞是弘法大師空海所作，但由四句七五調組成的所謂「今樣歌」是從十世紀末才開始流行的，所以相當晚於弘法大師的時代。

　　「雪山偈」又名「無常偈」，常為大小乘諸派所引用。在南方上座部當中，除了上記的經典之外，也出現在注釋書中；梵語本中，出現在《俱舍論》的稱友(Yaśomitra)釋、《中觀論》的月稱(Candrakīrti)釋；漢譯《瑜伽師地論》卷十八等也有引用。可以看出具代表性的諸派顯然都相當重視此偈頌。

七佛通戒偈

　　巴利語、梵語之外，透過漢譯也為人熟知的有如下的詩句。

　　不造一切惡
　　要實踐善行

清淨自己的心
這是諸佛的教說

巴利語出現在《法句經》第一八三偈，此外，在《長部》(二·
四九)成為過去佛毘婆尸所說，而在《大事》(三·四二○)
中為釋迦牟尼佛所說，漢譯《增一阿含經》(《大正藏》二·
七八七中)中，則是過去佛迦葉所說。如此一來，過去六佛
再加上釋迦牟尼佛，就稱為「七佛通戒偈」。如上譯，原文作
複數「諸佛」，所以是所有佛陀共通的教法。

　　此「七佛通戒偈」乃大、小乘諸派所共通。若依大乘的
《涅槃經》(《大正藏》一二·六九三下)與《大智度論》(《大
正藏》二五·一九二中)等，則如下。

諸惡莫作
諸善奉行
自淨其意
是諸佛教

前面介紹的「法身偈」、「無常偈」和「七佛通戒偈」三者，
分別都會出現在各種不同的場合。由此看來，相同的詩句被
使用在各種不同的說法脈絡，或許是編輯聖典者把它套用在
適當地方所產生的結果吧。這些詩句在何時、何地由誰所創
作，事實上常常是沒有定論的。但在這許多的詩句中，或許

有不少可追溯到佛陀時代。甚至於有些場合，或許是在佛陀時代就已經隨宜採用一般人能琅琅上口的文句與詩句了。

《法句經》

《法句經》中，巴利語本最為人所知，梵文本、普拉克利特 (Prakrit；譯者按：此為印度土語的一種) 語本、漢譯、藏譯等亦為人所讀誦。巴利語本第四十九頌翻譯如下。

> 譬如蜜蜂
> 不破壞花的色與香
> 只取走其蜜
> 聖者也是如此地往村莊去

此詩句以蜜蜂來譬喻宗教家到村里托缽時，所擁有的平靜心情。

在與佛教同時代同地方發跡的耆那教❾聖典中，經常可

---

❾ 耆那教於西元前六世紀左右，發源於恆河中游流域，教主大雄(Ma-hāvīra)係佛陀同時代的前輩，其教理與教團組織與佛教有許多相似之處。據說大雄是自古以來即已存在的耆那教之復興者。其根本聖典乃以半摩竭陀語(Ardha-māgadhī)書寫，而此語言與佛教的巴利語相似。與佛教不同的是，耆那教未弘傳到國外，但目前在印度西海岸還有一百五十萬名信徒。

見到與佛教教法相似的話語，這也是極為自然的，如《十勤行》(*Daśavailkālika*)（第一章之二與三，Suttāgame版二‧九四七）說言如下。

　　就像從開在樹上的花

　　蜜蜂採蜜

　　不傷其花

　　自己也很快樂

　　同樣地，解脫的出家僧眾

　　在世上舉止正當

　　如花上的蜜蜂

　　歡喜接受施食

在別處，也可找到與此相似的共通點與類似之處，佛教與耆那教有共通的文化、民族的基礎，所以兩方的聖典都必須從其共通的基礎來理解。

　　沒錯，當時為了學習常會使用詩句，但若認為只有詩句先成立，後來才附加散文說明，是不正確的。原則上從一開始，詩句或多或少就附有一些說明。但其說明則會因時、因地而有些許變化，或者使用在完全不同的場合。不只是詩句如此，散文形式的短文或者相當長的經典，甚至都有被編入其他文獻的痕跡。總之，很難判定何者才是歷史上最古老的。

　　例如，從教團的歷史來說，舍利弗的皈依是屬於初期，

但未必就可以斷定其中引用的「法身偈」從一開始就出現在
這個故事中。

愚鈍的弟子

槃陀伽(Panthaka)兩兄弟，兄槃陀伽很早就依止佛陀出家
修行，證得聖果，所以也要弟槃陀伽出家修行。出家者首先
要背誦一首短詩，於是哥哥就教導弟弟如下的詩句。

> 身語意業不造惡，
> 不惱眾生諸有情。
> 正念觀知畢竟空，
> 無益之苦應遠離。

（既不以身體、語言或心做惡事，不去逼惱世間的眾生。
正確地念觀以知欲望的對象是空，無益的苦必定會遠
離。）

弟槃陀伽反覆地唱誦此詩句，但不管怎樣都背不起來，經過
三個月後，附近的牧人大家都因為聽他唱誦而自然地記得，
但是槃陀伽還是記不住。

教團在五月十五日的滿月日，共聚一處，三個月間安居
不可外出。安居時弟子們背誦從師長處所學的教法，如果沒

有問題，就再教導新的文句。因為弟槃陀伽不管怎樣都無法記住所學的短詩，最後連兄長都生氣地說：「你生性愚鈍，無法成就佛道。」

受到責備的弟弟走到屋外放聲大哭，此時佛陀適巧經過，聽過原委後給他安慰與鼓勵。之後佛陀命令阿難負責指導，阿難教其文句要槃陀伽背誦，但最後也只好放棄。

因此，佛陀要弟槃陀伽只背誦「我掃塵，我除垢」，但他連這兩句都記不住。佛陀要他一面擦拭僧眾鞋上的灰塵，一面背誦這兩句。槃陀伽照著佛陀的話拼命地做，終於記住這兩句。就在這時候，因為這兩句話的機緣，他正觀心垢——貪、嗔、癡——的本質，即刻到達聖者的境地。

這個愚鈍的槃陀伽的故事❿，除見於漢譯（《有部毘奈耶》卷三十一、《大毘婆沙論》卷百八十等）外，也見於巴利語，故事雖有細部的差異，但大體相同。這成為考察初期教團教育情況很好的線索。

由以上的故事可知，如此的短詩與短文首先是應該背誦的，但並不是只要機械性地背誦就可，其目的是要透過不斷地憶起詩句與文句，以和自己的體驗及客觀的事實照察，藉此線索以達到證悟。既不單純只是為滿足知識欲，也不是為誇耀自己博學。這些都是冥想的手段。就此意義而言，則未

---

❿ 謠曲《卒塔婆小町》有「般特雖愚癡，亦有文殊的智慧」（般特が愚癡も文殊の智慧）的句子，所以以「般特」（槃陀伽）之名乃作為健忘的象徵；文殊菩薩則是智慧的象徵。

嘗與中國禪宗所發展出來的「公案」毫無關係。

遺　訓

　　弟子們視為佛陀的話語，非常珍惜而背誦流傳的，不只是詩句而已，還包含遺訓。佛陀最後的遺訓是最簡潔的話語之一。佛陀將入滅時，對弟子們所說的話語，若依巴利語《涅槃經》（《長部》二・一五六）則如下：

　　修行僧們啊！我告訴你們：諸現象邊變無常，要精進努力不可懈怠。

收錄在《長阿含經》卷四與此相當的《遊行經》（《大正藏》一・二六中），其内容如下：

　　是故，比丘！無為放逸。我以不放逸故，自致正覺；無量眾善，亦由不放逸得。一切萬物無常存者。

佛陀藉此機會所說的話語，在各派系中師徒之間口耳相傳。

如是我聞

　　文章開頭的「如是我聞」，成為一種慣用的體例，表示這

是「經」之意。「如是」乃指經文的內容；有關「我」是指誰，若根據傳統的解釋，乃指佛弟子阿難。

如前所述（26頁），佛入滅後，大迦葉主持聖典編輯會議，他在席上針對每一經典向阿難詢問，阿難就以「如是我聞……」開頭，而誦出一部一部的經典。此說不管是在北傳或南傳，皆為人所熟知，此「我」也就是指阿難。

但是，實際未必一定如此。事實上，在許多的經典中，有不少與阿難沒有關係，而且其中有些佛陀未直接出現，記載的是其他弟子所說的話語。

《大智度論》中解釋此定型句中的「我」時，只說是「佛弟子」，並未限定是阿難。這種說法毋寧是比較恰當的。如此一來，這個「我」可以是任何人，自己讀誦經，再講給他人聽時，就以「如是我聞」來開始。

在許多方面與佛教相似的耆那教之聖典，未必有一定的起始文句，但常以「朋友啊！我聽世尊如是說」為開頭。「世尊」一詞與佛教用詞相同，但此時乃指耆那教的教主大雄(Ma-hāvīra)。根據注釋者的說明，此處的「我」乃是大雄的弟子之一，「朋友」是指其講說的對象。即將直接從大雄處聽到的教法向他人述說。

即使從用詞與環境極為相似這一點來看，此二宗教的聖典所使用的術語的意義──至少就起源來說──也是相同的。從這種比較來思考，佛教經典中的「如是我聞」，應該也是意指佛弟子向他人轉述自己所聽聞的教法。

　　也必須要注意「聞」這樣的表現。「聞」這個動詞，就漢字或日文而言，如同「百聞不如一見」或「聞極樂，見地獄」等，常常讓人覺得比「見」要來得不確定。但作為印度的用詞，感覺卻有很大的不同。

　　在印度，以聖典為首的所謂學問，一般不是指書籍，而是師徒口耳相傳者。所以別的國家應該說作「讀」或「學」之意者，在印度都用「聞」。因此，說到「多聞」，是指博學之人。就一般的學問而言，也是如此，若就宗教而言，則是指通達聖典；對婆羅門教來說，是指通達最古老最尊貴的聖典亦即吠陀文獻。表示這是師徒口耳相傳者，而非人類的著述。原語「śruti」，直譯為「以耳聽聞」，實際上是「天啟之書」。在討論宗教與哲學的書籍中，若說「如是我聞」，則與「聖典有其出處」是相同的意思。

　　因此，「多聞」一詞，不管是婆羅門教、佛教、耆那教等諸宗教，皆指「通達聖典」之意。

　　我們也不可忽視佛教經典開頭的「如是我聞」在這方面的意思。也就是說其中應該含有「現在所要敘述的經典，確實是我從正統的老師處學得，是正確無誤的聖典」之意。

　　所以這個「我」當然不限於阿難一人，也不只是佛陀的親炙弟子，只要保持正確的傳統，則說這個「我」包含後世弟子亦無妨。總之，「如是我聞」可看作是敘述讀誦經典的人的信條之用語。

　　若就形式而言，以「如是我聞」開始的全都是「經」；這

四個字也可說是標示該部聖典是「經」的用語。

漢譯經典一例

以下就以漢譯經典中具備「經」之形式的短篇經典為例。

聞如是，一時佛在舍衛國祇樹給孤獨園。爾時，世尊告諸比丘：「我不見一法疾於心者，無譬可喻。猶如獼猴捨一取一，心不專定。心亦如是，前想後想所念不同。是故，諸比丘！凡夫之人不能觀察心意所由。是故，諸比丘！常當降服心意，得趣善道。如是，諸比丘！當作是學。」爾時，諸比丘聞佛所說，歡喜奉行。

（我這樣聽聞。某時，尊貴者停駐在位於舍衛城郊外，祇陀森林的給孤獨富豪的園林中。那時候，尊貴者對修行僧們說：「我沒看過比心動得更快的東西，沒有什麼東西可與之相比。但若要舉例說明，就好像猿猴捨棄一物又取一物，心不安定。心這樣的東西也是如此，前一刻所想的和後一刻所想的有所不同。修行僧們啊！因為如此，所以普通人無法觀察心的本源。修行僧們啊！因為如此，所以要一直制御心和意，以進趨善道。修行僧們啊！要實踐這些。」那時候，修行僧們聽聞了尊貴者所說，很歡喜地接受了。）

　　以上收錄在《增一阿含經》卷四（《大正藏》二·五六二下）。經文「聞如是」同於一般的「如是我聞」。因文中的「佛」原文應是相當於「世尊」的詞語，所以現在譯為「尊貴者」。並未發現相當於此經的巴利語經典，但《雜阿含經》卷十二（《大正藏》二·八一下與八二上）有將心的活動比喻為猿猴的經，且遠較現在所舉出的經（以及它的前一部經）詳細，相當於此的巴利語在《相應部》二·九四以下。現在列出全文的短篇經典較為簡短，從這一點看來，或許是其原初形態。

《吉祥經》

　　巴利語的短篇經典中，有稱為《吉祥經》者，漢譯也有類似的經典。首先，從巴利語翻譯如下：

　　我這樣聽聞。

　　某時，尊貴者停駐在位於舍衛城郊外，祇陀森林的給孤獨富豪的園林中。

　　當時，一位天神夜半現出殊勝的形貌，金光閃耀祇陀森林，他來到世尊面前。禮拜世尊後，立於一旁。此時天神以詩對世尊說：

　　「諸天神與人們都希望安樂，都想要吉祥，請開示最高的吉祥。」

　　「不親近愚者，要親近賢者，供養應受供養者，這是最

高的吉祥。

要居住於適合的場所，在前世積累功德，自己要發正確的誓願，這是最高的吉祥。

要博學、習藝、慎行、善習、愛語，這是最高的吉祥。

要孝養父母，愛護妻子，認真工作，這是最高的吉祥。

要布施，不離所教之道，愛護親族，讓舉止無可非議，這是最高的吉祥。

要遠離惡、慎飲酒，努力作正當之事不懈怠，這是最高的吉祥。

不忘尊敬、謙遜、滿足、感謝，應時聞法，這是最高的吉祥。

忍耐、柔和，遇宗教家，應時請法，這是最高的吉祥。

苦行、守貞、考察神聖的真理、實現涅槃，這是最高的吉祥。

即使接觸世習，也不動心、不憂、不染，要安適，這是最高的吉祥。

若能實行這些，決不會失敗，永遠都很幸福，這是最高的吉祥。」

與此教法相當的漢譯是《法句經》(《大正藏》四·五七五上中)、《法句譬喻經》(《大正藏》四·六〇九上中)，內容極相似，但沒有說是為天神說的。但是，即使在漢譯的其他經典中，也有佛陀為人以外的眾生說法的例子，所以並非那麼稀

有。

　在此譯為「吉祥」的原語為「maṅgala」，有「吉利、幸運、幸福、運氣」之意。

　此經典說法的部分都是以詩的形式寫成，或許可說是經典中最古老者的典型。

《經　集》

　這部《吉祥經》收錄在屬於巴利語經典第五部《小部》的《經集》(Suttanipāta)中。《經集》收集七十部短經，分為五篇，大部分由詩組成，共包含一一四九首四句詩，與前面所舉的《法句經》相同，都被認為是屬於有古老起源的資料。

　同樣在《經集》中，有稱為《寶經》者。此經沒有像《吉祥經》所具有的序文，直接由十七首詩句組成，呼籲鬼神要依「佛、法、僧」三寶以祈求幸福，是使用古雅韻律的古老文體。

　同屬於《經集》的《慈經》，也是由十首古雅的詩句組成，宣說慈愛之德。

　以上《吉祥經》、《寶經》、《慈經》，都是教訓式、道德式的宗教作品；在錫蘭的歷史上，自古以來就把它當作有靈驗的經文，相信讀誦、書寫這些經典有很大的功德，即使是現在，錫蘭和緬甸使用這些經典的目的也是如此。此類經典稱為「paritta」（咒文）。

初學者提要

　　《經集》中的這三部經也收錄在《小部》第一部的《小誦》(*Khuddaka-pāṭha*)中。此部經除有初學者所必知的《三皈依》、《十戒》、《三十二身分》、《少年僧問答》的短篇經文外，還收集了五部短篇經典。

　　《三皈依》乃皈依佛、法、僧之文，如下反覆三次。

皈依佛　皈依法　皈依僧

再皈依佛　皈依法　皈依僧

三皈依佛　皈依法　皈依僧

buddhaṃ saraṇaṃ gacchāmi. dhammaṃ saraṇaṃ gacchāmi. saṃghaṃ saraṇaṃ gacchāmi.

dutiyam pi buddhaṃ saraṇaṃ gacchāmi. dutiyam pi dham-maṃsaraṇaṃ gacchāmi. dutiyam pi saṃghaṃ saraṇaṃ gac-chāmi.

tatiyam pi buddhaṃ saraṇaṃ gacchāmi. tatiyam pi dham-maṃsaraṇaṃ gacchāmi. tatiyam pi saṃghaṃ saraṇaṃ gac-chāmi.

　　現今與東南亞佛教徒的交流相當盛行，所以很多人會聽到此巴利語的三皈依。但此形式在教團的歷史中，可追溯到

什麼時代，是一個問題。

《小誦》第二中提到見習僧（sāmanera，沙彌）應守的十戒，其第一條是：

我遵守禁止殺生戒。

以下是不犯「不與取」（偷盜）、「破壞純潔」（婬行）、「妄語」、「飲酒」、「非時（即午後）食」、「跳舞、歌謠、音樂、戲劇」、「戴花飾、燒香、塗香」、「使用高床、人床」、「受持金銀」等十戒的誓文。

第三《三十二身分》是將自己的身體分為三十二部分來學習，分別如下：

此肉體有頭髮、身毛、爪、齒、皮、肉、筋、骨、骨髓、腎、心臟、肝、肋膜、脾、肺、腸、腸間膜、胃、排泄物、膽汁、痰、膿、血、汗、脂、淚、漿、唾液、鼻液、髓、尿、頭之腦髓。

依此來觀察、反省自己的肉體，知其無常、不淨，以提昇心性。

第四《少年僧問答》是依據數字來說明初學者必須要知道的基本教義。

何謂一？全部的生物乃依食物而生存。

生物乃依食物而生存，但除物質外，也常包含具靈之意味的營養。

何謂二？二是名與形態（色）。

指形成個體性的基本的精神與肉體。

何謂三？三乃指三種感受（受）。

即樂、苦、不樂不苦三種。

何謂四？指四種神聖的真理（四聖諦）。

此容後敘（102頁）。

何謂五？指五個構成要素（五蘊）。

包含人存在的主客觀的五個要素，第一、色是物質的要素；第二、受是從外界所獲得的印象與感覺；第三、想乃是在心理上構成外在形象的知覺與表象；第四、行乃是前三項以外的心理作用，特別是意志作用；第五、識是綜和性的純

粹精神活動。由此考察人的存在不外就是這五要素的集合，所以是無我。

何謂六？即六個感覺機能（六內處）。

指眼、耳、鼻、舌、身、意六種感官。

何謂七？即七個覺悟的手段（七覺支）。

指念（深思）、擇法（選擇分別）、精進（努力）、喜（滿足感）、輕安（快適）、定（精神統一）、捨（精神安定）七支。

何謂八？由八個部分所構成的聖道（八正道）。

乃正確的見解、決意、言語、行為、生活、努力、思念、冥想八項。（譯者按：即正見、正思惟、正語、正業、正命、正精選、正念、正定。）

何謂九？即生物居住的九個住處（九有情居）。

據說是生物喜歡選擇的住居，但實際上是冥想中體驗到的世界。指欲界的人與天、梵眾天、極光淨天、遍淨天、無想天、空無邊處、識無邊處、無所有處、非想非非想處等九種。

　　何謂十？指具有十種資格的聖者（阿羅漢）。

　　根據注釋，在「八正道」之上，再加上「正確的認識（正智）」與「正確的解脫（正解脫）」圓滿完成此十項者（「無學」）。

　　以上是《少年僧問答》的全文，但僅列舉名相沒有意義，所以必須先傳授本文令學者背誦，而後以口傳來作說明。此《少年僧問答》的全文似乎很難追溯到原始教團，但與此類似以數目來教導初學者的教育，應該是從很早就已經實施了。

　　以上的《三皈依》、《十戒》、《三十二身分》、《少年僧問答》之外，再加上從《經集》等選出的五經，就形成了《小誦》。

　　即使是現在，此書在以巴利語為聖典的東南亞國家，仍作為初學者的提要而相當受重視。但被編輯成現在這樣的形式，應該是經典全體大成的時期，也就是西曆紀元以後的事。

　　以上看了一些短篇經典與初學者應背誦事項的例子，以下再來看看更長的歸納式的經典。

經的成立順序

　　生於現今尼泊爾南部的迦毘羅衛國的王子悉達多出家修行，從三十五歲成佛得到自覺，至八十歲入滅前的四十五年間，一直持續其傳教活動。一般認為聖典中所記載的佛陀的

話語，就是在這一段時間宣說的。即使是成佛前的幼年期、
少年期、青年期乃至累劫多生的生涯，也被以回憶的方式來
宣說，但是對於所有佛教徒而言，最關心的是佛陀四十五年
公開傳教期間的活動，尤其是開始傳教與入滅前後的事件更
是歷歷在目。中間的時期，除特殊的例子之外，經典的記誦
者幾乎完全未意識到詳細的年月時間。中國的佛教徒從各自
的宗派立場，設想各經典的成立先後，日本也多仿效其例，
但這種議論就歷史的角度而言，完全沒有意義。印度的經典
記誦者，或許沒有意識到世俗時間的經過，他們認為一日成
佛，其言行舉止應該是超越時間的。

　　佛陀的最初說法是佛教歷史中最重要的事件，受到許多
佛教徒熱心的記錄。佛陀說法被比喻為是古印度的理想皇帝
（所謂轉輪聖王）征服世界。據信這位皇帝由象徵統治的車
輪其自發性活動的引導，不用武力就平定全世界，以正義統
治國家。同樣地佛陀也是透過轉動「法輪」（正義的車輪）來
教化一切眾生。因此，將佛陀說法稱為「轉法輪」（使法輪轉
動）。佛的最初說法稱為「初轉法輪」，簡稱「轉法輪」，記載
此重要說法的即是《轉法輪經》。

《轉法輪經》

　　《轉法輪經》現存有巴利語、梵語、漢譯、藏譯等各種
版本，而且各版本之間多少有些差異。其主要內容相同，都

說是在波羅奈斯郊外的鹿野苑，為五位修行者所講述。漢譯
《雜阿含經》卷十五（《大正藏》二·一○三以下）揭舉這一
類的經典共二十四經（第三七九經至第四○二經）。雖然都以
「四聖諦」為主題，且同樣說於鹿野苑，但是也有只列舉「四
聖諦」之名的短篇經典（第三八○經），或者加上譬喻（第三
八九經），或者關涉到修行過程問題的。這一系列的經典當中
只有為首的經典（第三七九經），稱為《轉法輪經》。其中說
到「苦惱」（苦）、「苦惱之起源」（集）、「苦惱的超脫」（滅）、
「實現超脫苦惱的道」（道）四種神聖真理（四聖諦）。就每
一真理，分別分成三個階段來說明，如就「苦惱的真理」（苦
諦），有「這是苦惱」、「必須認識苦惱」、「認識完成」三階段，
其主題是「苦惱的認識」（知）；其他三種真理，其主題分別
是「起源的根絕」（斷）、「超脫的實現」（證）、「道的實踐」
（修）。因四聖諦都各有三個階段，所以稱為「三轉十二行
（相）」❶。

佛陀宣說「三轉十二行」的四聖諦之際，其中一位修行
者憍陳如立刻理解其義而開悟證果。所以地界諸神們讚嘆聲
起，天界眾神也隨之應和，讚美不已。

《雜阿含經》卷十五所收的《轉法輪經》，內容大致如上。
而與此相當的巴利語出現在《相應部》五·四二○頁以下，

---

❶ 根據其他的說法，因三階段各有「眼、智、明、覺」，所以稱為「十
二行相」。若將此再放入四聖諦，實際上就變成了「四十八行相」
（《俱舍論》卷二十四）。

不過並不完全一樣，其中加入了一些上述漢譯所沒有的內容。

　　首先經文一開頭即說「出家者必須避免兩極端」。快樂的生活與苦行的生活是兩個極端，佛陀捨棄這兩個極端，依「中道」而開悟，於是宣說由「八個部分所形成的神聖之道」（八正道）即是「中道」，也就是所謂正確的見解、決意、言語、行為、生活、努力、思念、冥想。

　　接著一一說明四聖諦，其中就「道」作說明時，特別再提到「八正道」（新書《佛教》七十八頁以下）。

　　梵文《大事》三・三三〇頁以下的內容，也與上述的巴利語本大致接近，形成一部獨立經典的體裁。

　　與上述相同的巴利語也出現在《律藏大品》第十頁以下。而梵文也出現在梵本 Lalitavistara（漢譯為《普曜經》或《方廣莊嚴經》）第四一六頁以下。漢譯《四分律》（《大正藏》二二・七八八）、《五分律》（同一〇四）、《方廣大莊嚴經》（《大正藏》三・六〇七中）、《過去現在因果經》（同六四四中）、《佛本行集經》（同八一一上）、《眾許摩訶帝經》（同九五四上），也有類似的文章。但是在這些聖典當中，在佛陀最初說法之前，還說到佛陀的成道、冥想、決心傳法、往波羅奈斯之旅以及與五位比丘會面等，而且在此次說法之後，還敘述到教團的成立，布教活動的開始。也就是說，內容雖然與前面提到的《轉法輪經》一致或相似，但並不是獨立的經典，只不過是佛陀傳記中的一個章節。

《轉法輪經》與佛陀傳

如此看來，對同樣可稱為《轉法輪經》的經典之成立，會產生以下諸問題。

第一、此經文是在一開始就作為一部獨立經典而被製作的嗎?或者只是取出原來就已經成立的佛陀傳記其中的一節，讓它獨立並使其具備經典的體裁而形成的呢?

第二、有些在經文中提到「兩極端」與「八正道」，有些則無，何者先成立呢?

第三、進而應該將單純只敘述「四聖諦」之名的經典——如漢譯《雜阿含經》第三八○經——視為最原初的古型嗎?

一般而言，很多學者推定說:單純的經典先成立而後慢慢加入新的要素，之後才有複雜經典的成立。但是，目前並無法馬上認同這種推定。

漢譯「阿含部」中現存有兩種《轉法輪經》的異譯。其一是後漢安世高於紀元150年左右翻譯的《轉法輪經》;第二是唐代義淨於紀元710年翻譯的《三轉法輪經》。其中，前者有「兩極端」及「八正道」的說明，後者則無。據說漢譯年代的前後常常能反映出原典的新舊層次，若將這個原理套用於此，則我們不得不說曾存在於較古經典的「兩極端」及「八正道」後來被刪除了。但是如前所述，五世紀中求那跋陀羅翻譯的《雜阿含經》中，也有更簡單只講到「四聖諦」之名

的短經。我們該如何看待這些資料呢?

　　我個人認為:一開始就流傳有好幾種處理同樣主題的經典,繁簡、長短不一。即使只是學習簡短經典的人,也並非只就字面來看,而是包含所有應該理解的教義都一併被教授,不管是否明記於文章中。例如學習「四聖諦」的人,不管經文字面是否明記,都會被教導「八正道」;而且不管經文中是否明確地記載場景與聽眾,這都是學習者已經熟知的。

　　這樣一想,就可以理解為什麼處理相同主題的《轉法輪經》在一開始就有好幾種異本。

　　至於《轉法輪經》和佛陀傳記之間的關係,也可說明如下。也就是,單獨將此經典切離來誦讀的人,也應該知道這是長篇傳記當中的一幕;而傳記的傳承者也一定知道此章另獨立成為一部經典。因此與其考慮經或傳記何者先成立,倒不如說兩者互有關聯,這樣的看法比較接近事實。不僅是《轉法輪經》,同樣的考量也可以套用到許多其他的經典。因此,如一部分學者所曾主張的「愈是簡單的經典愈接近其原始型態」的假說,未必是正確的。相同主題的異本常並存,所以很難將它們集中在一本,去設想經典的原初型態。

涅　槃

　　記載釋迦牟尼佛生涯中最後數月生活的有《涅槃經》。用漢字將梵語的「parinirvāṇa」(巴利語的parinibbāna)直接音

譯成「般涅槃」或「般泥洹」等。原語的「pari」是「完全」
之意；有時也將其省略只說成「nirvāṇa」，而兩者意義無別，
意譯作「滅」、「寂」、「寂滅」或「滅度」等。指從現象界的
束縛中解脫，以達到絕對自由的境地。佛陀成道之際雖然已
經到此涅槃的境界，但肉體尚存，所以將佛陀肉體的死滅稱
為「parinirvāṇa」亦即「完全寂滅」以作區別。

　　記載此事件的經典稱為《有關偉大、完全的寂滅之經》
(*Mahāparinirvāṇa-sūtra*，《大般涅槃經》) ⓬。

《涅槃經》

　　巴利語的《涅槃經》(*Mahāparinibbāna-suttanta*)是《長部》
中最大部頭的經典。漢譯除了收錄在《長阿含經》中的《遊
行經》之外，另有三種異譯。按譯出年代先後，依序列出如
下：

一、《佛般泥洹經》，白法祖譯，300年左右。

二、《般泥洹經》，譯者不明，四世紀初。

三、《遊行經》，佛陀耶舍(Buddha-yaśas)與竺佛念共譯，
　　413年。

⓬ 另有同名的大乘經典，在大藏經中形成「涅槃部」，成為中國涅槃
　宗的聖典。此經係佛陀將入滅之際所說，闡明佛陀之不滅性以及人
　人皆具有成佛的資格。而現在所說與其有異，是指「阿含部」中的
　《涅槃經》。

　　四、《大般涅槃經》，法顯譯，418年，缺開頭的部分。

　　此經的梵語原典在中亞發現並已出版(E. Waldschmidt)。漢譯《根本說一切有部毘奈耶雜事》（也有藏譯本）的其中一節也相當於此。

　　佛陀停留在摩竭陀國首都王舍城郊外的靈鷲山時，阿闍世(Ajātaśatru)王的大臣前來造訪，就欲攻擊居於恆河北岸的跋祇(Vṛji)族一事，向佛陀請教。佛陀回答說：只要對方堅守佛陀的訓誡，就無法征服。

　　在這段話之後，接著敘述佛陀對教團的訓誡。佛陀下山往北到達恆河南岸的巴陵弗(Pāṭaligama)村，看到摩竭陀國的大臣們建立新首都❸。由此渡河抵達毘舍離(Vaiśā-lī)，這是與摩竭陀國對抗的城市國家，早就有許多佛陀的信徒。佛陀在接受富有的娼婦菴婆婆梨(Āmrapālī)供養後，便繼續前往竹林村(Beluvagāmaka)，一個人獨自在那裡度過雨季。那時候，佛陀感受到肉體的苦痛，也意識到自己即將入滅。雨季之後，繼續北上，在波婆(Pāvā)城接受信徒純陀(Cunda)的供養，當天便啟程前往拘尸那竭(Kuśinagara)。途中疲憊萬分，便以河水洗臉與足。之後在路上遇到了貴族商人福貴(Pukkusa)，他成為佛陀最後

❸ 後來成為摩竭陀國的首都，稱為華氏城，長久繁榮興盛。近年在帕特那(Patna)附近發掘到其遺跡。

的在家信徒。最後到達拘尸那竭郊外娑羅樹林的兩棵樹間，鋪好寢具，躺在上面，教化年老的修行者須跋(Sub-hadra)，使其成為最後的弟子。最後，對弟子們留下『諸現象遷變無常，要精進努力不可懈怠』的遺言，便入滅了。拘尸那竭的在家信徒供養佛陀的遺體七日，等首席弟子大迦葉從旅途趕來後，舉行火葬。遺骨由諸國分配，並分別於十處建塔供奉。

以上是六本《涅槃經》共通內容的大要，其中隨處插入佛陀的說法，而每個說法也成為所謂的獨立短經。事實上，其中也有些被當作獨立的經典而被記錄下來的。也就是所謂的《涅槃經》可說是以佛陀生前最後數月的故事為主要內容，用許多短篇經典綴集而成的一部經典。

《涅槃經》的異本

雖然六本大致擁有相同的內容，但還是有些細微的差異。其中，漢譯的第一譯和第二譯有許多共通點，或許這兩者保存了《涅槃經》的古老型態。大約晚了一世紀翻譯的第三譯和第四譯彼此之間也有諸多雷同。巴利語大體上最接近第三譯，而且它還含括了所有漢譯所未見的新添加的部分，所以可說是最晚成立的。

例如巴利語本（八一頁以下）有一段記載著佛陀停留在

那爛陀時與舍利弗的談話，這一段在所有漢譯本中都未出現，原來是其他經典（《長部》三·九九～一○一）的內容，被混入於此。

有關純陀供養佛陀最後午餐的食物，有三本漢譯沒有特別記載其菜單，第三譯記為「栴檀樹耳」（耳同於茸，一種菇類），巴利語本也記有「sūkara-maddava」，給人一種印象，覺得這是佛陀的直接死因。當時僅佛陀一人吃了這道菜，且禁止弟子們食用，同時命令弟子將剩餘的菜埋入地下。佛陀吃完不久便腹瀉地相當厲害，第二天就入滅了。有關此「sūkara-maddava」是豬肉料理還是如第三本漢譯所記載是茸的一種，學者意見分歧，而我個人有以下的看法。

如同最古老的漢譯本所顯示，根據古老的傳承，佛陀在普通的進食之後，於隔天入滅，這也許是最接近史實的說法。可是傳記作者後來卻認為這「最後的午餐」一定有其特殊的菜色，所謂的「sūkara-maddava」或漢譯本所記載的「栴檀樹耳」或許是一種很珍貴的食物，可能連傳記作者都沒見過，這或許是神秘的象徵吧。不過，巴利語的經典編輯者為了對此提出「合理」的說明，而將此解釋為佛陀致死的直接原因。結果十九世紀以來信守合理主義的佛教研究者也紛紛認為「佛陀明知有毒卻仍吃下腐壞的豬肉，結果導致腹瀉而死。」

此外，巴利語聖典也有些記述弄錯了排列的順序及場景，但畢竟不能把它看作是第二手的資料。近來，歐洲學者反而比部分日本學者更認同漢譯本的本源性。

在前往拘尸那竭的途中，佛陀感到疼痛而想要喝水。侍者阿難前往汲水時，剛好有五百車乘渡河使河水污濁不堪，所以僅為佛陀洗臉和腳，等到抵達下一條河時才讓佛陀喝水。

依據較古的二本漢譯，則如上述，但若根據第三譯本，則說是鬼神們從雪山（喜馬拉雅山）運來了飲水；而第四譯本則說因佛陀的「神力」，河水馬上就變得澄澈。而巴利語除記載河水變得澄澈外，還加上阿難在看到這個奇蹟時感動讚嘆不已的一節。

由此例可以很清楚看到經文變化發展的軌跡。

接下來有關福貴的皈依，諸本間的記載也有差異。

根據較古的二本漢譯，成為信徒的福貴向佛陀獻上黃金毯子，佛陀的臉龐閃耀著金色的光芒，而這被當作是佛陀入滅的前兆。而根據第三、第四本漢譯及巴利語本，則說除了獻給佛陀之外，也獻給阿難。第四本漢譯還說福貴當時立刻出家成為佛陀的弟子，而且馬上達到聖者的境地。

就連福貴的這段插曲也有異本並存，同時我們也可看出其隨著時間變化的痕跡。

大善見王

在拘尸那竭郊外，侍者阿難對躺在娑羅雙樹下最後床榻的佛陀說：「這蕭寂的邊境並不適宜作為入滅之地」，佛陀告訴阿難說：「這片土地過去是一位名為大善見（Mahāsu-

darśana，大善現、大善賢、大快見）❶的國王的首都」，同時
還敘述當時的盛況。這段話在四本漢譯中皆有詳細記載，但
巴利語本則只記錄其最初一節，剩下的部分則另外作為《長
部》第十七經，成為一部獨立的經典。漢譯《中阿含經》第
六十八經《大善見王》也記載相同的內容。根據這所有的本
子，佛陀過去生曾是大善見王，在此入滅，而現今身為佛亦
同樣在這片土地終其一生。

　　在這個例子當中，也可以說有關過去國王的傳說，從一
開始便是所有本子共通的內容，只是巴利語《涅槃經》將它
省略了。

　　此外，在說明大善見王都城的豪華時，所提到的有關行
樹、水池、階梯、花等的描寫，和後來彌勒(Maitreya)、阿彌
陀佛(Amitābha)的佛國土所描述的，有共同的起源。

遺骨的分配

　　最後有關佛陀遺骨的分配，諸本的記載也不同。第一本
漢譯只記載了邊境八國向拘尸那竭國要求佛陀的遺骨，於是
聽從香姓(Droṇa)婆羅門的勸告，將遺骨分成八份。至於是哪
八國並未列出。第二譯及第三譯則列舉出六國之名，最後提
到摩竭陀國的阿闍世王，國名、王名一併列出。而第四譯則
一開始便舉出阿闍世王的名字，述及其對於遺骨的要求，接

❶ 巴利語為Mahāsudassana，參見前述第81頁。

著說到其他七個國王及毘舍離的離車族等。至於巴利語本則依序記錄了摩竭陀國的阿闍世王、毘舍離的離車族、迦毘羅衛的釋迦族等七個國家。

　　由此看來，可以知道摩竭陀國的阿闍世王的比重是逐漸增加，而這一點也與以下的問題有關。

拘尸那竭的編輯會議

　　依據漢譯《涅槃經》第一譯和第二譯，佛陀火葬過後九十日，在拘尸那竭由首席弟子大迦葉等人提議，推舉阿難昇高座，復誦佛陀的說法，此即所謂「四阿含」❶。大迦葉並選出四十位聖者跟阿難學習「四阿含」。

　　可是，第三譯與巴利語的《涅槃經》完全沒有提到在拘尸那竭編輯經典的事情。漢譯第四譯則只說「其後，迦葉與阿難及其他修行僧，在王舍城共同結集『三藏』。」

　　該如何解釋諸本間的差異呢?若就諸本成立的時間來看，認為佛陀入滅後，弟子隨即在拘尸那竭進行聖典編輯的工作的說法，必定從很早就已經存在了。可是如前所述（26頁），佛陀入滅後隔年的雨季,在摩竭陀國的首都王舍城舉行大會,

❶ 第二譯明記「四阿含」之名為《中阿含》、《長阿含》、《增一阿含》、《雜阿含》，而且也記有「十二部經」。而第一譯未言及此，但說除「四阿含」外，比丘的兩百五十戒、比丘尼的五百戒、在家男眾的五戒、在家女眾的十戒，也於此時被記錄下來。

由大迦葉主持並召集五百位聖者，會上由優婆離誦「律」，阿難誦「經」，這種說法是佛教諸派共通且廣為人知的。巴利語聖典的《律藏小品》也詳細記載了其經過。

如此看來，記載拘尸那竭編輯會議的《涅槃經》至少流行在一部分人當中，後來隨著摩竭陀國王舍城系的佛教徒勢力漸佔優勢，於是拘尸那竭說的影子就淡薄了。前面提到分配佛陀遺骨時的阿闍世王的角色，諸本有所不同，或許和這個問題也有關連。同時站在歷史的角度來看，佛教的活動中心也漸漸轉移到摩竭陀國了。

但在此並非意圖主張《涅槃經》中較古的兩本漢譯是「忠實於歷史」，因為我們不能設想「四阿含」或「十二部經」（十二分經）等是在當時編輯而成的。或許可以作這樣的推定：「在拘尸那竭有四十位聖者跟隨阿難學習聖典」的記載以及「在王舍城郊外五百位聖者聚集，從優婆離聽律，從阿難聽經」的記載，一直並存到某個時期，後來被統一在後者的本子當中。而第四本漢譯最後記載的王舍城說，或許是譯者法顯參考其他資料所加入的。

又《涅槃經》較古的兩本漢譯中，最後的部分記載了彌勒被授記，將於未來在這世間成佛，但是後面的兩個譯本及巴利語，則完全未觸及。這是因為古老時代中曾有的內容後來被省略了，還是從一開始記載或未記載彌勒授記成佛說的不同本子，原來就並存於世呢？

部派與經典

以上所考察的經典，大致是從會引起所有佛教徒共同關心的範圍中所選取出來的，但是並沒有共通於所有佛教徒的聖典集成。現存的文獻中最完整的，當屬傳到東南亞的巴利語聖典，這是稱為「分別說部」一派的「律」、「經」、「論」。雖然其他尚有多達二十個左右的部派曾經存在，但是都沒有像這樣完整的聖典保留下來。漢譯大藏經中的「律部」收錄了好幾派的「律」；「經」則收在「阿含部」，但這是彙集了不同派別的傳承。巴利語「經」的一部分，特別是佛陀的傳記等，佛陀的故事以及若干未收錄在「阿含部」的經（例如《法句經》之類），大體上歸屬於漢譯「本緣部」。

在多達二十個左右的部派當中，接近「分別說部」的保守派之一叫做「說一切有部」（簡稱有部），在漢譯的「律部」及「毘曇部」（即「論」）留有其重要聖典，此派並不特別重視「經」。相對於「有部」偏重「論」，批判「有部」的「經量部」（簡稱經部），因為強調「經」的重要性而有此派名，但是其所傳承的「經」並沒有遺留下來，只能藉由論書等的引用，知道其片斷而已。

以上都被視為保守派，但是有關與其對立的革新派「大眾部」，資料相當缺乏。至於認為漢譯《增一阿含經》或許是「大眾部」所傳的說法（加藤精神），也有其道理。此經在序

偈當中說，在「經」、「律」、「阿毘曇經」（論）之外，還有「方
等大乘義……雜藏」，這是其他「阿含」所沒有的說法。又此
一《增一阿含經》卷四十四第三經（《大正藏》二‧七八七下
以下）描述未來彌勒佛降生，與屬於大乘經典的《彌勒下生
經》內容幾乎完全一致，此外也有一些地方看起來有「大眾
部」乃至「大乘佛教」的風格。而漢譯《摩訶僧祇律》(Mahā—
sūṃghika)從其名稱看來，很明顯屬於「大眾部」。

　　向來就有許多學者指出並論述：「大眾部」在某種意義下，
和人乘佛教有關連。有關這一點還有諸多問題值得探討，可
惜在此並無餘裕論述。接下來將另章討論現存的大乘佛教經
典。

大乘經典的性格

我們每一個人都具有成佛的可能性，
我們的精神本來是清淨的，
它被染污只不過是偶然性的，
當人們自覺此，並立志追求成佛之道時，
就稱為發菩提心，其實踐稱為菩薩行。

大乘經典

　　前此所介紹的經典大體上可說是各派共通的，但是由於經典傳承的差異，有時也會有某派承認的經不為他派認同的情況。雖然部派間也有這種情形，但特別明顯的要算是大乘與小乘的區別。

　　大乘即Mahāyāna，乃「偉大的車乘」之意，表示達成理想的手段之殊勝。手段是指教說以及依教說所做的實踐。與大乘對立的，被稱為小乘——Hīnayāna——即「低劣的車乘」。這是大乘信徒所取的名字，沒有人會自稱小乘，但因中國和日本從一開始就強烈傾向信仰大乘，因此我們對大乘與小乘的名稱也並不陌生。但若站在學術立場，不該用小乘，應改稱為「部派佛教」，或者以部派派名稱之為「分別說部」（錫蘭等地的佛教）等，較為恰當。

　　即使在部派中，上座部與大眾部的想法也有差異，所持的聖典亦有不同；但到了大乘時，聖典的型態本身已截然不同。如前所述（114頁），被視為屬大眾部系的《增一阿含經》中，也包含有大乘經典，但這些是特例；大乘經典一般還是有其明確的特徵，再者，大乘佛教的信徒有時會因某些意圖而引用部派的經，但部派的信徒大體上並不引用大乘經。

　　說到大乘經典，其中也有各種的系統。以《大正新修大藏經》為例，從第五卷到二十一卷這十七卷是大乘經，分為

般若、法華、華嚴、寶積、涅槃、大集、經集、密教八類。
其中,「經集」收錄不屬於其他類別的經,因此其類別並非單
一;但即使是其他部類,例如「寶積」,也收錄各種經典。所
以,這八部類的區分方式只不過是一種方便而已。本書選擇
《般若經》、《華嚴經》、《維摩經》、《勝鬘經》作為大乘經典
的代表來加以解說;其次考察在東亞佛教具有重要地位的《法
華經》和「淨土三部經」;最後將一窺密教的部類。

冥想的世界

雖然大乘經典是在不同的背景底下所成立發展的,但在
此擬探討其全體乃至大部分共通的特性。

大乘以外的經典——方便起見,稱之為小乘經典——大
體上都是為出家教團說的,以現實的描寫為原則,離常識世
界不遠。其教義是教訓式、實際的。雖然並非沒有神秘和奇
蹟的成分,但大致上都是歸結到日常經驗當中,也會談及冥
想(禪定、三昧),但是對於其靈性體驗的內容並未多言。

大乘經典則預想了各種聽眾,其根本特質可以說是一種
冥想體驗的描寫。以栩栩如生的具體形象來表現超越日常經
驗世界的體驗。例如,當指導者佛陀進入冥想時,列席者將
佛陀冥想中的體驗——在十方無數世界的無數佛陀和菩薩以
及其他眾生的行動和言語等——理解為具體的形象。其中,
已經沒有距離、時間等的限制。因此,雖然冥想中的佛陀不

發一語，但聽眾卻接受到各種教法。從冥想中出來的佛陀與聽眾間的問答有時只不過是輔助性的意味。

因此，沒有心理準備的讀者閱讀大乘經典時，或許會覺得是滿紙荒唐言，但是佛教信徒讀起來，又會無由覺得彌足珍貴。事實上，兩者都不正確。相反地，如果將大乘經典視為是對不同於日常經驗的冥想對象作具體描寫時，即可在此發現其解釋關鍵。

小乘經典說明、解釋教義，因此可以讓人理性地理解。順著這個傾向進展，就形成阿毘達磨(abhidharma)。所謂阿毘達磨，就是有關達磨(dharma)亦即教義的解說，這同時也是存在論。阿毘達磨被編輯成為小乘諸派的教科書，構成所謂的「論」，但是實際上，諸派的經典本身從最初就是以阿毘達磨的方式被編輯而成的。

大乘經典從一開始與其說是阿毘達磨式、解說式的，還不如說是冥想式、直觀式的。記住此根本性質，再進一步探討以下五點。

解脫的問題

第一、有關解脫：佛教徒都是以解脫生死輪迴，達到絕對自由的境地為理想。小乘佛教稱此理想的形象為「聖者」（阿羅漢）。「聖者」雖已解脫一切束縛，但還是與佛陀有別。小乘佛教所稱的佛陀只有釋迦牟尼佛一人，此外，就是傳說

出現在遙遠過去世中的六佛，以及即將出現在未來世的彌勒
(Maitreya)。除此之外，其他人沒有成為佛陀的可能性。但是，
如此確切的說法是在教團組織固定後才產生的。從被認為是
更早的記述看來，聽聞佛陀說法而開悟者的心境與佛陀的心
境沒有任何區別。主張任何人皆可解脫成佛的大乘教法，或
許才是原本的佛教⓰。

菩薩的問題

　　第二、有關菩薩：在大乘經典中，以人人皆可成佛為前
提。換言之，每一個人都是「佛陀的候補者」，亦即菩薩。在
小乘經典中，「菩薩」一詞僅指成道之前的釋迦牟尼佛，但是
到了大乘經典時，舉出許多菩薩的名字，數量無限地增加。
甚至在某種意義下可以說所有的人都是菩薩，沒有例外。總
之，我們每一個人都具有成佛的可能性（用後來的術語來說，
就是「佛性」、「如來藏」）。我們的精神本來是清淨的（心本
清淨），它被污染只不過是偶然性的（客塵煩惱）。當人們自
覺此，並立志追求成佛之道時，就稱為發菩提心（追求覺悟
的心），其實踐稱為菩薩行。
　　菩薩行常說成是六種波羅蜜多（pāramitā，或譯為波羅

⓰ 在巴利文《經集》(Suttanipāta)特別古雅的詩句中，有五處應該作「諸
　聖者」的地方卻記為「諸佛陀」（偈八一、八五、八六、三八六、
　五二三），可證明前面的推測（見上述24頁）。

蜜），即布施、持戒、忍辱、精進、禪定、智慧。波羅蜜多有
「完成」、「達於完成的實踐」或者是「到達彼岸」等意思。
在六種波羅蜜多當中，最初三種與世俗的倫理道德一致，第
六是宗教的睿智。為了強調此睿智的重要性，漢譯者在翻譯
梵文原文prajñā-pāramitā時特別不用意譯，而習慣將它音譯成
「般若波羅蜜多」，以與世俗知識有所區別。六波羅蜜多的第
四和第五分別是努力與冥想之意，此共通於世俗與超世俗。
其中，特別強調宗教睿智是一切實踐的基礎與究竟。反覆說
明此理的是龐大的《大般若波羅蜜多經》六百卷等經典。但
是波羅蜜多是以包含自我犧牲的布施為前提，因此菩薩行必
須為他人奉獻——甚至犧牲一己的解脫。永遠必須先利他再
求自利。在這一點上，不同於只追求超世間解脫的小乘佛教。

大乘的理想

　　第三、有關理想界：在某種意義下，所有的佛教徒都是
在追求理想。此理想狀態稱為解脫、涅槃或法界。小乘佛教
徒相信分析現實界（五蘊、十二處、十八界），實際體證其中
無有可執著的「我」，藉此以證得此理想界，也就是在虛無中
發現理想界。但是，相對於此，大乘教徒觀察到現實界就是
虛無的，現實界只是單純的現象（空），是施設事（假），不
是真正意義下的實在；以此為有或者以此為無，都是錯誤的。
離開有與無（中道）才有真實。理想界是絕對者，超越一切

思考與語言，因此才是絕對真實的。但是，理想界就是一切，所以並非離開理想界別有現實界存在。反過來說，離開現實，理想就不存在。但是，此處所謂的現實並不是大多數人毫無反省就接受的所謂現實（從理想界來看是錯覺），而是如上所述，透過空、假、中道的批判，才被開示出來的真正的現實。因此，現實即理想這種大乘思想，與始終都要和大眾在一起並在其中發現理想的菩薩理念——自利利他圓滿——是一致的。

理想與現實

第四、有關現實界：根據以上的思惟闡明現實的意義時，大乘也開始研究阿毘達磨式的存在形態。小乘的重點在於分析性的考察，大乘也作同樣的分析性的考察，但始終就其與絕對者（真如、法性、法身、諸法實相）的關係來說，這是兩者的差異；在阿毘達磨式（也可說是學術性）這一點上，兩者是一樣的，因此開展出大乘的煩瑣哲學。

佛陀論

第五、有關佛陀：在小乘佛教中，佛陀是道的闡揚者。自己發現解脫之道，達到聖者境地，成為佛陀；指導弟子，宣說解脫之道而後入滅。佛陀已經解脫生死輪迴，因此永遠

消失，歸於完全的虛無，小乘信徒作如是說。就理論而言，大體上似乎很合理，但是所有弟子和信徒都領會了嗎？

如上所述，對大多數的人而言，佛陀不只是導師，更是崇拜的對象、禮拜的目標。尤其從印度一般的宗教情況來看，如此的看法最為合理；許多佛教的美術作品中，對存放佛陀遺骨的舍利塔禮拜供養，也同樣都透露出這樣的訊息。在部派佛教中，大眾部等也主張「佛陀的肉體、威力和壽命都是無限的」，認為佛陀是超世俗的存在，這也是自古就有的想法吧。更清楚談及此的是「變化身」一說，根據此說，佛陀的本體恆常不變，住於天上界，其影子❼（變化身）出現於地上，示現出變化的現象，稱為變化身或應身。相對於此，佛陀的本體是絕對者本身，永遠不滅，稱為「法身」（理念，logos），與真如、法性、諸法實相等是同義詞。再者，對信仰者而言，佛陀示現出為無限榮光所籠罩的形貌，此稱作「受用身」或「報身」。這是因為先前修菩薩行時累積福德的結果（應報），而享有（受用）榮光。在建造、禮拜、供養舍利塔，參拜佛跡，以祈求佛陀護祐的信徒心中的，不外就是此受用身。

法身本來就超越一切的思想和言語，也被稱為Vairocana（毘盧遮那佛、大日如來）等，以智慧為資糧；其與上述的

---

❼ 基督教在最初的三世紀間也曾宣揚「基督假現說」（幻影說，docetae, docetism），但被視為異端而受到壓抑。此假現說的出現與「靈的直觀」（gnosis）說有關，此與佛教中的佛陀觀和般若思想間的關係，有其共通之處。

受用身以福德為資糧是相同的。但是「成」一概念並不適用
於法身，因此所謂的「成為佛陀」（成佛）不過是原來就「是
佛陀」之意。無論如何，智慧與福德都是使佛陀之所以為佛
陀者，因此稱為「菩提（開悟）資糧」。

　　如此，大乘經典可以說是以冥想為前提，並就解脫、菩
薩、理想界、現實界、佛陀等，開展出其獨特的見解。

大乘經典的形態

　　大乘經典與其他經典一樣，也是以「如是我聞」為始，
其次舉出彼時佛陀停駐的場所。但是在小乘經典中，所列的
地點原則上都是地上的場所，南起摩竭陀國，北至舍衛國，
大體上都被認為是釋迦牟尼佛曾實際停駐處所的地名。雖然
大乘經典同樣也常提到這些地名，但一般而言，其範圍明顯
擴增，甚至舉出各種天上界的名稱；縱使是地上的場所，有
時其土地也會突然變形，現出理想的國土。

　　其次，列舉聽眾之名。大致上，在佛陀的弟子們（「聲聞」、
「音聲弟子」）之後，接著是菩薩們，再來甚至是諸神、半神、
怪物等。佛陀弟子中的老面孔一字排開，其名字出現的先後
次序，並不太會因經典的不同而有所變動。平常菩薩是大乘
經典的主角，其種類也相當多。弟子群們（比丘眾）與菩薩
團體（菩薩眾）有時協力合作，有時意見對立。

　　在經典中，常常出現奇蹟（希有、未曾有），或使用駭人

聽聞的數字（俱胝koti、那由他nayuta或者恆河沙數的多少倍等），而最令門外漢困擾的則是不斷地重複相同或類似的詞語和句子，有時甚至是很長的章節。這一類的重複在巴利文經典中也很明顯，而在大乘經典（特別是《般若經》等）中，更是經常出現。如果說經典並不只是記述，而是一種勸導乃至冥想的準備,則不斷重複相同文句的意圖也就顯而易見了。因為它所預期的並不只是單純的理解，而是想要達到增加印象亦即銘刻於心的效果。東亞盛行的「念佛」與「唱題」（譯者按：指像日蓮宗只唸誦「南無妙法蓮華經」七字經題。）也類似於此，印度教現在也流行同樣的作法。如拉威爾(Ravel)作曲的波麗露(Bolero)的效果也與此類似。

　　大乘經典開頭常以散文的形式敘述，其次再以詩的形式重複相同的內容。有時候是先有詩的成立，再即興地插入散文加以說明，而後散文的部分也就成為本文而固定下來；反之，也有散文先成立，再據此作詩的情況。

大乘經典的種種

　　同樣是大乘經典，內容也是各式各樣，甚至有思想上的矛盾。當然這是因為起源不同所致。

　　如前所述，有些大乘經典其思想內容和小乘經典一樣，可以回溯到非常古老的時代。然而小乘部派為了樹立教團的權威，從很早就努力於聖典的確立，但是大乘人在這一方面

卻採取開放的想法，因此大乘經典的資料雖然很古老，實際
上形成聖典的形式卻是很晚以後的事。儘管如此，從漢譯年
代等線索來考察的話，不妨將主要大乘經典的成立，與錫蘭
巴利文聖典的最後編輯大致看作是同一時期。

　　即使說大乘思想，也不是單一的。第一、從現存的經典
內容來看，可區分為般若系、華嚴系等。般若系中主要經典
的成立或許早於華嚴等系，但是般若系的經典中，也有一些
是後代的經典。

　　第二、有些經典其成立與傳承的地區是可以區別的。各
經典開頭所載的地名未必與事實相符，儘管如此，我們還是
有理由推定說《維摩經》與毘舍離(Vaiśālī)，《勝鬘經》與阿
踰陀(Ayodhyā)有關係。許多學者推論說《般若經》的主要部
分成立於南印度。也可設想《法華經》原來是特殊團體的聖
典，《阿彌陀經》是在印度文化圈的西境作成。

　　第三、值得注意的是，同樣在大乘經典中也包含各種層
次，從高深思辯的開展到單純的信仰都有。大乘佛教徒中，
包羅了從婆羅門出身的哲學家到低教育水平的庶民，所以無
論在論理、說明方法或者在採用比喻方面，呈現出多元的面
貌，從極端抽象到極端簡單都有。因此，說大乘經典全部都
是高尚的典籍固然不正確，但是只念一、兩本經，就斷定大
乘經典沒有價值，也是錯誤的。

　　閱讀大乘經典後，直接坦率地描述自己的感想時，有時
會有「無聊」、「冗長」、「無趣」，偶而還會有「愚蠢」的感覺，

這是事實。這是許多宗教聖典共通的特徵。但是若閱讀根據聖典所作的論書，即使是將它們視為哲學書、思想性的書來看，也會比從原來的聖典所獲更多。從宗教的立場來說，那是因為我們的（或者應該說「我的」）信仰不足的關係。但是事實上較之於記載基督話語的福音書，毋寧說保羅的書簡要來得易懂；奧古斯丁(Aurelius Augustinus)、多瑪斯(Thomas Aquinas)、艾克哈(Meister Eckhart)、馬丁路德(Martin Luther)或者是現代神學者們的著述更容易為人所親近。坦白說，缺乏信仰的我們，必須通過這些對人所作的解說，以及透過歷史，才能理解神的話語。大乘經典的情形也是同樣。事實上，我們還是要透過印度和中國佛教學者的解釋之眼，來閱讀大乘經典。

大乘的哲學家

暫且不談中國，先來談談印度的哲學家。據說大乘哲學的開山祖師是紀元後一世紀後半乃至二世紀前半，出身於南印度的龍樹(Nāgārjuna)。傳言有許多書是他所作，但證實是他所著的只有《中觀論》（《中論》），以及與此具相同傾向的幾本論書。龍樹根據《般若經》解釋「空」和「緣起」。他的思想後來為稱作中觀派的學派所繼承,從五世紀前半到約600年間，由佛護(Buddhapālita)、清辯(Bhāvaviveka)和月稱(Candrakīrti)集其大成。

四世紀後半，無著(Asaṅga)和世親(Vasubandhu)兄弟繼承龍樹的思想，並依據《般若經》、《華嚴經》和《勝鬘經》等，建立唯識派。由於此派特別重視冥想，因此別名為瑜伽師派（Yogācāra，以瑜伽亦即冥想為務者）。到第七世紀為止，此派有安慧(Sthiramati)、護法(Dharmapāla)等心理學者，以及陳那(Dignāga)和法稱(Dharmakīrti)等論理學者出現。之後的數世紀間，中觀派和唯識派都學者輩出。

通常我們都是根據這些佛教學者的解釋來理解大乘經典的思想，他們也經常引用經典作為絕對的權威。他們的思想體系確實非常傑出，但是他們絕對信賴內容單純、文章冗長的經典，有時超乎我們的理解。或許所謂宗教文學大多如此吧。

了義與不了義

其實佛教學者未必都盲從經典的權威，他們也承認經典有「盡意」（了義）與「不盡意」（不了義）的區別。這個區別也出現在巴利語聖典❽中，部派佛教❾也討論此問題，而大

---

❽ 《增支部》一‧六○，及Netti-pakaraṇa 21。

❾ 在部派中，保守的說一切有部承認有「不盡意的經典」，進步的大眾部則持反對意見，因為有部認為即使有違經文，也必須要樹立經院哲學(scholastic philosophy)。但是，到了大乘哲學家在建立思想體系時，立場相反，迴避保守派的聖典。

乘學者據此宣稱：未必要為「不盡意」的經典（亦即小乘經
典）所束縛。

　　大乘人所使用的另一個招牌是「佛以一言說一切法」，這
是大眾部以來的主張。據此，佛陀的話語可作多種解釋，因
此，即使是同樣的經文，小乘和大乘可各依自己的立場來理
解。《維摩經》第一章「佛以一音演說法，眾生隨類各得解」❷
所言即是此意。

　　如此，大乘哲學家以經典為根據，並用心地解釋，此與
基督教的神學家與《聖經》的關係是一樣的。由於佛教有基
督教所無法相比的大量經典存在，而且哲學家活躍的時期也
還有新的經典被製作出來，因此問題更為複雜。再者，經典
的製作者一直都隱藏在神秘的帷幕之後，顯然是不同於哲學
家的另一種類型人物。

----

❷ 此著名的一文或許是出自《華嚴經》第一章的「一音演說悉無餘……
　眾生隨類悉得解」（參考156頁）。

般若經

凡萬物都是超越思慮分別的，
只是名目上的存在，本來是清淨的。
萬物的構成要素是無量，無形的，
沒有場所的限制，無自性，如虛空，如大海。
般若波羅蜜多也是一樣。

大般若經

　　大乘經典中，分量最龐大的是《般若經》，漢譯佔了《大正新修大藏經》第五卷到第八卷的四卷，其中的前三卷是玄奘所譯的《大般若波羅蜜多經》（略稱《大般若》）六百卷。另外一卷，則收錄其他譯者所譯的各種《般若經》。玄奘從660年正月開始到663年十月，完成《大般若》的翻譯，664年二月五日入滅。

　　玄奘所譯的《大般若》是十六部經典的集成，各部分別獨立，全部以「般若」的思想統一起來。第一部最為龐大，佔最初的四百卷；第二部七十八卷，第三部五十九卷，第四部十八卷，第五部十卷。以上五部有廣略之別，但幾乎是相同的內容，章別、順序共通之處甚多。其中，第二部現存有三世紀末以來的三種不同譯本，第四部中現存有二世紀末以來的五種不同譯本。再者，第一、第二和第四這三部甚至還現存有與其相應的梵語原典❹。

　　第六部以下，每部內容和結構都各自獨立，分別有其各

---

❹ 在印度，以相當於詩的一節的三十二音節為一單位，名之為「頌」，並以此來表示散文的分量。《大般若》的第一、第二、第四各部的梵文原典，分別稱為「十萬頌」、「二萬五千頌」、「八千頌」。藏譯中，除了「十萬頌」、「二萬五千頌」、「八千頌」之外，還有「一萬八千頌」和「一萬頌」。

自的名稱,如第六部是「勝天王」,第七部是「文殊」,第八部是「濡首」,第九部是「金剛」,第十部是「理趣」,第十六部是「善勇猛」等,很多有不同的譯本。其中,梵文原典現存的有第七、第九、第十、第十六這四部,這些也都有藏譯本。剩下的第十一到第十五部的梵文原典不詳,而在藏譯本中,被集為一經,題名為《五波羅蜜多經》。

總計以上,玄奘譯的《大般若》六百卷中,現存有梵文原典的有五一八卷,相當於百分之八十五的分量。

大品與小品

玄奘譯《大般若》的前五部中,第一部十萬頌、第二部二萬五千頌和第四部八千頌,資料最多,流傳範圍也廣,被視為《般若經》文獻的根本。在這些當中,何者是本來的,何者是派生的,對此,研究者之間有不同的看法。有人主張最龐大的十萬頌最早成立,之後再逐漸簡化為八千頌,這種看法有其可能性。相反地,八千頌先成立,之後再慢慢增廣為十萬頌本,這種說法也有其道理。或許,在西曆紀元初,已經有許多種大小不等的本子同時並行。實際上,在三本中挑選任何一本來閱讀,大致就可推想其他二本的內容。而十萬頌過於龐大,所以漢譯也只有玄奘譯本。在所有二萬五千頌與八千頌的譯本中,實際上最廣為閱讀的是鳩摩羅什的譯本,名為《大品般若》與《小品般若》。《大品般若》在東亞

常為人所讀誦，此本與在中亞發現的梵文本斷片一致，由此可知其流傳範圍極廣。現存有第三世紀末的兩種漢譯。

　　《小品般若》前後有六種漢譯本，最初是於179年翻譯的《道行般若經》十卷。梵語原典❷的寫本也很多，西藏譯本也經常被改訂。在此，擬介紹《小品般若》的梗概，作為《般若經》的範例。又所引乃根據鳩摩羅什的譯本❸。

《小品般若》

　　場景是王舍城(Rājagṛha)郊外的「靈鷲山」(鷲峰)，有修行僧一二五〇人在佛陀面前。主要人物除佛陀外，還有須菩提和舍利弗，須菩提奉佛陀之命，說般若波羅蜜多。以因陀羅為首的諸神出現，聽聞此法相當歡喜。在逖遠過去世，釋迦牟尼也是修行此波羅蜜多而成為佛陀。

　　此波羅蜜多也是「偉大的咒術」，受持讀頌此咒者，即使在戰場上也不會受傷。

　　供奉佛陀遺骨有其功德，但書寫、受持、讀頌、供養般

❷　《八千頌》為尼泊爾所最尊重的「九法」之首。

❸　《小品般若波羅蜜經》十卷。《大般若波羅蜜多經》五三八～五五五卷，玄奘譯。《道行般若經》十卷，支婁迦讖譯。《大明度經》六卷，支謙譯。《摩訶般若鈔經》五卷，竺佛念、曇摩蜱譯。《佛母出生三法藏般若波羅蜜多經》二十五卷，施護譯。原典有印度版(1888年)和東京版(1932～1935年)。

若波羅蜜多的功德更大。

　　過去、現在、未來的佛陀們都是藉此波羅蜜多證得最高的覺悟。它是偉大的咒文，可藉以得現世福德，不為毒害，不為火燒，不會意外死亡。般若波羅蜜多指導其他五個波羅蜜多。布施等也依般若（智慧）而成立。

　　導人向善，使人修行以達聖者（阿羅漢）境地者，是殊勝的，但是給人《般若波羅蜜多經》，令其書寫、讀頌者，更為殊勝。

　　此時，彌勒菩薩告訴須菩提說，菩薩的隨喜以及依此所作的迴向，比布施和持戒的福德更為殊勝。心服於佛陀之教，心裡歡喜，稱為隨喜，將此迴轉以作為志向最高覺悟的資糧，即是迴向。但是此隨喜之迴向甚深難解，所以不可告訴初發心菩薩，只能告訴信念已經非常堅定的菩薩。

　　舍利弗告訴佛陀，般若波羅蜜多同於「一切智」（全智），是一切菩薩之母。

　　佛陀教導須菩提說，毀謗般若波羅蜜多即毀謗一切智，毀謗一切佛陀，因此一定會長時墮入地獄受苦。此波羅蜜多很難理解，法性（真理）是唯一的，非二亦非三。不執著於事物以行實踐，即是此波羅蜜多的修行。

　　聞此波羅蜜多而能信解的菩薩，信念是已經非常堅定的人，將來必定可以成佛。旅行者看見放牧和田地等時，就知道不久就會到達村落；從風景的變化，就會知道靠近了海邊；春天時看到樹葉的變化，就知道不久將結果實；看到產婦的

狀況改變，就知道即將臨盆。同樣地，菩薩如果能夠考察般若波羅蜜多，就可以保證成佛之日不遠。

佛陀入滅後，般若波羅蜜多流傳於南方，從南往西，從西往北流布❷。

菩薩也會生起魔障。說法時感覺不耐煩，書寫讀誦之際心生傲慢、冷笑、心神渙散等，這些都是魔障。捨《般若經》於小乘經典中求一切智，也是魔障。就如有許多珍寶之處就有盜賊出現，同樣地，有般若波羅蜜多之處也會有惡魔出現。但是就如同母親生病，兒子會想盡一切辦法找尋醫藥來醫治母親一樣，十方諸佛都會心念般若波羅蜜多。

此波羅蜜多不只能生佛陀的一切智，對佛陀如實知見世間亦有助益。佛陀是如實知見，所以稱作「如來」。

萬物無有確固不定的性質，所以是「空」。佛陀依般若波羅蜜多得知萬物皆空。

在海上遇難時，若緊緊抓住救生圈或木片，就可以得救。把水倒進陶器裡，就不會漏出來。建造得很堅固的船不會沉沒。同樣地，為般若波羅蜜多所護守的菩薩必定能達到最高的覺悟。

---

❷ 此記載暗示了歷史的事實，引起諸學者的注意。《般若經》首先出現在南印度（案達羅王國等地），擴展到西海岸，最後到達西北印度。但是「從南方往北方」的二方說更古老；玄奘譯則是始於東南以迄東北的六方說，但三方說似乎是最普遍的。參照《壺月全集》上，五二〇頁。

　　初發心菩薩親近能說此波羅蜜多的優秀指導者(善知識)是很重要的。

　　信念堅定的菩薩知「諸法實相」(真實的狀態)，不言無益之事，不見他人長短。但是，惡魔還是會假扮修行僧來誘惑人。他們會說：「此經典不是佛陀的教法，那並不是在修一切智。」即使聽聞此言，菩薩的信念仍不動搖，他們會不惜身命，為正法勤行精進。

　　如同情愛熾熱的男子若沒碰到約好的女友，一日一夜間就會不斷為愛戀所惱；同樣地，菩薩跨越多次生死，一心一意只想要思惟學習般若波羅蜜多。

　　彼時，有一稱作恆河的女神出現在佛陀面前，佛陀為她授記：「將來會生為男子，降生在阿閦佛的佛國土，修行而成為名叫『金花』的佛陀。」

　　有能力的人即使帶著父母妻兒行走於危險的道路，也不害怕盜賊等惡人；鳥在空中飛翔，不會墜落；傑出的弓箭手不論遠近都可以隨心所欲一發中的。同樣地，菩薩為般若波羅蜜多所護守，必能達到最高的覺悟。

　　但是，惡魔一直在等待機會誘惑，即使外現修行僧形貌，仍然可能是冒牌的菩薩，所以一定要小心。絕不可以忘記慈悲喜捨❷的心。

　　能教導六種波羅蜜多者是好的指導者。諸佛都是由六種

---

❷ 盼望他人幸福(慈)，排除他人的不幸(悲)，滿足於這樣的工作(喜)，而且沒有執著（捨），稱此四者為「四無量心」。

波羅蜜多生，因此波羅蜜多就是父、是母、是住家、是依處。是救濟。菩薩最勤於實踐般若波羅蜜多。諸惡魔見此也不禁嗟嘆。

但是，就如同世界上少有地方生產黃金；理想的皇帝（轉輪聖王）也是世所罕見一樣，能實踐般若波羅蜜多者並不多見。

虛空無有遠近之念。魔術師所幻現的人物、物影或傀儡，它們也都沒有各種的念頭。般若波羅蜜多也是一樣，沒有思慮分別，隨應不同的情況以實踐修行，無有思慮分別。

不管有多少惡魔，都不能阻撓菩薩實踐般若波羅蜜多。因為菩薩觀察到萬物皆空，而且不捨眾生。再者，因為依教奉行，就能為諸佛所護念。

所有會眾聽聞到也有菩薩在阿閦佛前依般若波羅蜜多修行時，都依釋迦牟尼佛的威神力，能在瞬間得見彼佛說法的相貌。

如名為香象(Gandhahastin)的菩薩，即使現在也還在阿閦佛處修菩薩行，精進地實踐般若波羅蜜多。

凡萬物都是超越思慮分別的，只是名目上的存在，其本來是清淨的。萬物的構成要素（五蘊＝色受想行識）是無量、無形的，沒有場所的限制，無自性，如虛空，如大海。般若波羅蜜多也是一樣。

常啼求法的故事

　　《小品般若》接著描述一位菩薩辛苦追求般若波羅蜜多的故事，此菩薩名「常啼」（Sadāprarudita，或音譯作「薩陀波崙」）。他原本就一直追求般若波羅蜜多，在聽聞空中的聲音後，就出發前往東方。空中的聲音告訴他說：在遙遠的東方有一城市名為「眾香」（Gandhavatī）㉖，有一名叫「法上」（Dharmodgata，或音譯作「曇無竭」）的菩薩住在那裡，一直講述般若波羅蜜多。

　　常啼菩薩在旅行途中，信心愈來愈堅定，途中曾受到惡魔的阻撓，但有因陀羅神幫忙化解，也有富豪女及其侍女加入行列，最後終於到達目的地。此時，法上菩薩正從七年的冥想中出來，開始說法。

　　《小品般若》至此結束，佛陀囑咐阿難陀說：「我入滅後，將般若波羅蜜多視同我一樣地供養、恭敬、尊重。」

《大品般若》

　　《大品般若》的主要部分與《小品般若》的架構大致上

㉖ 此城市被描寫得很理想，與阿彌陀佛的極樂淨土等的記載有很多共同點，因此被認為有共同的起源。也有人認為由西往東去追求般若波羅蜜多的故事，暗示了《般若經》源自東方。

是一樣的，只是說得更仔細些。玄奘譯《大般若》第一部亦即十萬頌本，大約相當《小品般若》的二十幾倍，《大品般若》的五倍，而其基本架構都是相同。

　　《大品般若》的注釋書方面，有《大智度論》百卷，現存的只有漢譯本。原書是否為龍樹所作，仍有待商榷，至少譯者鳩摩羅什加筆不少。本書是以中觀派的立場寫成，在東亞被當作佛教百科事典廣為讀誦。

　　相對於此，彌勒以瑜伽師派立場所作的《現觀莊嚴論》(Abhisamayâlaṁkāra)是短篇作品，除有梵文原典外，也有藏譯本。因為沒有漢譯本，所以與東亞佛教沒有關連，但是在印度卻成為「般若」研究的指南。《大品般若》的原典也是根據此書編輯而成的，此書有龐大的注釋（梵語原典與藏譯），期待日後的研究。

《金剛般若經》

　　玄奘譯《大般若》從第一部到第五部其結構大致上都是一樣的，相對於此，第六部以下雖然內容一樣還是般若思想，但處理方法則各有不同。

　　第九部「金剛」的梵語原典在印度內外分別被保存在幾個地方。漢譯則是鳩摩羅什的譯本最廣為閱讀，但是另外還有五個譯本。現存的還有藏譯以及其他多國語譯，可知流傳極廣。在東亞，特別為禪宗所尊重。

　　場景是舍衛城郊外的祇園精舍,係佛陀與須菩提的對話,完全不像什麼大事件。思想內容與其他的《般若經》並無不同,但是以下的詩句是本經特有的。

　　　若以色見我
　　　以音聲求我
　　　是人行邪道
　　　不能見如來

又有以下的詩句:

　　　一切有為法
　　　如夢幻泡影
　　　如露亦如電
　　　應作如是觀

再者,「應無所住,而生其心」一文,透過禪宗在日本為大家所熟知。日文讀作「住するころなくその心を生ずべし」(應該無所住處,而生起其心),但梵文本來只是「不要生起執著的心」之意。

　　即使在印度,《金剛般若經》特別為瑜伽師派所研究,其注釋書有數種,留有梵語原典、漢譯和藏譯等。

《仁王般若經》

　　《仁王般若經》不在玄奘譯的《大般若》裡，梵文原典和藏譯也都不詳，而且內容上也有些問題，因此有人懷疑這部經典或許是在中國所製作。但是，若從曾有四次翻譯，其中有二譯還存在來看，或許仍是源自印度的經典。此經以國王為對象，宣說護國思想，向來在中國和日本的皇宮中受到重視。在《般若經》中可算是相當獨特的。

《般若心經》

　　此經不在玄奘譯的《大般若》裡，它非常簡短，以《般若心經》一名廣為大眾所熟知。有大小兩種版本，大本有序（如是我聞……）和結語（……信受奉行），但一般讀誦的是小本。梵語原本和藏譯本都有大小兩種；漢譯中，小本的有兩個譯本，大本則有五個譯本。

　　此經的大意是，觀自在菩薩修行深遠的般若波羅蜜多時，觀察到萬物的構成要素（五蘊、十二處、十八界）皆是空。於是對舍利子說，始於迷(無明)而終於生老死的生死輪迴（十二因緣）也是空，克服（盡）此者也是空。四種神聖的真理（四聖諦）、真理的念知（智）、覺悟（得）也一樣是空。菩薩以及過去、現在、未來的佛陀都是依般若波羅蜜多，不拘

泥於心，而到達最高的覺悟。因此，般若波羅蜜多就是最偉大的咒語。其咒語如下：gate gate pāragate pārasaṃgate bodhi svāhā.。

佛說摩訶般若波羅蜜多心經[27]

觀自在菩薩行深般若波羅蜜多時，照見五蘊皆空，度一切苦厄。舍利子！色不異空，空不異色；色即是空，空即是色。受想行識亦復如是。舍利子！是諸法空相，不生不滅，不垢不淨，不增不減。是故空中無色，無受想行識；無眼耳鼻舌身意，無色聲香味觸法；無眼界乃至無意識界；無無明，亦無無明盡，乃至無老死，亦無老死盡；無苦集滅道；無智亦無得。以無所得故，菩提薩埵依般若波羅蜜多故，心無罣礙。無罣礙故，無有恐怖，遠離一切顛倒夢想，究竟涅槃。三世諸佛依般若波羅蜜多故，得阿耨多羅三藐三菩提。故知般若波羅蜜多是大神咒，是大明咒，是無上咒，是無等等咒，能除一切苦，真實不虛。故說般若波羅蜜多咒，即說咒曰：揭帝、揭帝、波羅揭帝、波羅僧揭帝、菩提、莎訶[28]。

---

[27] 此文是根據空海的《般若心經秘鍵》所示，因為此本在日本最廣被讀誦，最接近玄奘所譯，但是收在《大正藏》的玄奘譯中，沒有最初的「佛說摩訶」以及「遠離」之後的「一切」。再者，題號之下，加上了「唐三藏法師玄奘譯」。

　　《般若心經》原來是摘錄《大般若》的要文組合而成。
尤其是「菩薩行深般若波羅蜜多時」一句，在《大般若》中
也常反覆出現。此外，還可以指出與此有相同或類似文句的
幾個地方，以《大正藏》的頁數表示如下。

　　五·二二中（空中無色，無受想行識）。二四一中下（色
即是空）。五六八中（是大神咒）。六·五五三中以下（無色，
無受想行識……無無明）。七·一一中下、一四上（色即是空，
空即是色。參照八·二二一中下、二二三上）。三一○上（不
恐不怖，無疑無滯……無罣礙）。三一二下（過去現在未來諸
佛皆依……般若波羅蜜多出生無上正等菩提＝四四六上亦
同）。七七四中（是大神咒。參照八·二八三中、五四三中）。
九三七上中（超一切苦……真實遠離顛倒）。

　　相較之下，出現在《心經》中但未見於《大般若》的部
分是開頭和結尾。《大般若》就一般菩薩的修行來說，而《心
經》則把焦點放在「觀自在菩薩」一人身上。

　　末尾出現的「揭帝……」的咒文，和見於《陀羅尼集經》
卷三（《大正藏》一八·八○七中）的《般若波羅蜜多大心經》
中的咒語相同。在《大般若》中說，因為「般若波羅蜜多」
可以保護其信徒，所以它本身就是一種咒術。但是《心經》
把一般的菩薩換成觀自在菩薩，同樣地，在此也提出了特定
的咒語。此即《大般若》與《心經》的差異。

　　咒語本來原則上是不翻譯的，不論漢譯或藏譯都採音譯。

────────────────
❷⑧《大正藏》是「僧莎訶」。

由於現代的讀者無法就此理解，所以解說者就附上各種的翻譯。最後的「svāhā」是印度最古老的文獻《梨具吠陀》以來用以呼請諸神的感嘆詞，有「祝福」的意思。

到，到，到彼岸，到達彼岸，成菩提。圓滿。

最初的四個詞語是陽性、單數、主格（摩竭陀方言），「菩提」是受格。

《般若心經》闡明般若波羅蜜多是實踐（行），因為說此實踐是深遠（深）的，所以暗示此實踐即是冥想。亦即與禪有關。又因是波羅蜜多故，發願利他，願意救濟一切眾生的苦惱（度一切苦厄……能除一切苦）。冥想的內容是空觀，因此觀察到不只一切的構成要素，甚至連證悟本身都是無（無智亦無得）。藉此到達絕對自由的境地（心無罣礙……無有恐怖，遠離一切顛倒夢想），此即佛陀的境地（究竟涅槃）。般若波羅蜜多是實踐，是冥想，是自由，因此，也是萬能的偉大力量。將此攝聚在觀自在菩薩一人身上，並以咒語結尾，這是《心經》特異之處。在大乘佛教盛行的國家中，沒有像《般若心經》這樣廣被讀誦的經典。從藏譯現存的六部注釋書亦可推知它在印度亦曾被熱烈研究；中國與日本的注釋書也都多達數十種。除了信仰阿彌陀佛的淨土教以外，大概沒有不重視《心經》的宗派。

六

華嚴經

世間有很多快樂，
但是沒有如神聖的靜寂那樣的樂。
絕對的真理才是佛陀的住處，
有卓越的觀察力者才能正確了知。

《大方廣佛華嚴經》

　　《華嚴經》的全名是《大方廣佛華嚴經》，漢譯有三本，依卷數分別稱為《六十華嚴》、《八十華嚴》和《四十華嚴》，其中第三本只相當於前二本的最後一大章〈入法界品〉。

　　《華嚴經》中，現存有梵文原典的只有〈十地品〉和〈入法界品〉❷。這兩章都被當作獨立的經典，在尼泊爾分別被列入「九法」之中。

　　再者，《華嚴經》中有許多部分分別被漢譯為獨立的經典。翻譯最早起自二世紀後半，新的翻譯甚至到八世紀末，在這期間同本經典有幾次被翻譯，若加以比較，就可以看出其變遷的痕跡。再者，也有不同異本同時並行的情況。若從有各種漢譯單行本來看，我們可以推定說：《華嚴經》是由原來個別獨立的經典逐漸彙集而成的。

　　華嚴❸一名使人聯想到華麗、莊嚴的意思，實際上，確實

---

❷ 此外，〈賢首品〉的大半與〈十迴向品〉的一部分在*Śikṣāsamuccaya*（漢譯《大乘集菩薩學論》）中被引用，由此可見其原文。

❸ 華嚴的原文或許是Gaṇḍa-vyūha。gaṇḍa的語義有許多爭議，但是我把它看作是vṛnda（「花束」、「群集」）的俗語形，在「花束的構成」這個意義下，被譯成「華嚴」。但是這原來是〈入法界品〉的題名，後來似乎是以此來作為《華嚴經》整體的名稱。在現存的梵語本中，Gaṇḍa-vyūha也是〈入法界品〉的名稱。在西藏語的資料中也是一樣，不過是將經典整體的梵文名稱說成Buddha-avataṃsaka（「佛陀

也是名實相符。

《華嚴經》的架構

《大方廣佛華嚴經》六十卷由佛陀跋陀羅於420年譯出。699年實叉難陀譯出的八十卷本有增補的部分，整體較接近藏譯本❸，也類似於現存的梵語原典。六十卷本被認為是保存古型，而且此為東亞諸國所熟悉的經典，因此以下將根據此六十卷本來進行說明。

《六十華嚴》由三十四章組成，一般分為八篇，但是我認為分為以下的四部較為合理。

第一部——普賢菩薩為主角（一、二、二三、二四、二九、三一、三二、三三各章）。（或許這一部分是經典的原型）

第二部——文殊菩薩為主角（三～八各章）。（或許原來是獨立的經典）

第三部——其他的菩薩為主角（九～二二、二五～二八、

的花環或耳飾」），對應的西藏語是saṅs rgyas phal po che或者saṅs rgyas rmad gcad（「佛陀的耳飾」）。或許可推測說：相當於所謂的整部《華嚴經》中的骨幹部分，稱為Buddha-avataṃsaka，而在這之上，再加上〈十地品〉和〈入法界品〉等，就成為現今所見的這部龐大的經典。中國慣稱為「華嚴」，西藏則慣稱為「Phal po che」。最古老的漢譯《兜沙經》（支婁迦讖譯）的原名或許與avataṃsaka有關。

❸ 藏譯中，略微加入《八十華嚴》中所沒有的部分。

三〇各章）。

第四部——普賢與文殊一起出現（三四章——入法界品）。（本來獨立的經典）

其中只有第三部❸是天上界的事情，而普賢與文殊都未參與，這點也是相當特殊的。

讚美佛陀

《華嚴經》主要的舞臺是摩竭陀國的菩提道場（佛陀開悟的地方）。首先在此聚集了許多菩薩，圍繞著本經的主角——剛剛開悟成佛的佛陀。闡明不只在這個世界上，還有四方四維上下十方的無數世界，各有許多的佛陀和菩薩們。佛陀並沒有用言語說法，他進入深邃的冥想中，藉著冥想的力量，光明輝耀，讓一切世界映現出來。諸神讚賞佛陀說：

　　如來出世甚難值
　　無量億劫時一遇
　　離諸難處適眾會
　　唯佛世尊能應時

---

❸ 與《八十華嚴》作一對比，以往將第二十三章以下的十章全部都視為天上界，這樣的說明顯然是錯誤的。其實第二十三章等的場景是摩竭陀國。

（佛陀出現在這世上是非常稀有的，因此要把握這個機
會加入此會眾。只有佛陀知道適宜的時節。）

眾生沒在煩惱海
愚癡邪濁大恐怖
佛以慈悲究竟度
見淨境界如天幢

（眾生苦惱，於無知與罪惡中惶恐不安；佛陀以慈悲圓
滿地救濟，如同展開天上的大旗般，令見清淨世界。）

佛放無量大光明
一一光明無量佛
無數方便皆悉現
化度一切眾生類
見佛身相如浮雲

（佛陀之身永遠靜寂，無有姿態，無有形狀，但卻照現
十方世界。例如空中的雲無法捕捉，但卻可遮掩大地，
普降甘霖。）

如來妙音深滿足
眾生隨類悉得解

一切皆謂同其語
梵音普至最無上

（佛陀的話語是圓滿的，眾生各自隨自己的能力來理解，
大家聽聞到佛陀相同的話語，佛陀的話語是無上的。）

世間一切上妙樂
聖寂滅樂為最勝
無垢妙法如來室
清淨勝眼如實見

（世間有很多快樂，但是沒有如神聖的靜寂那樣的妙樂。
絕對的真理才是佛陀的住處，有卓越的觀察力者才能正
確了知。）

無量劫海修諸行
斷除眾生愚痴冥
如來智慧甚清淨
是名佛慧除痴力

（佛陀經過無限長時間的修行，因此能夠滅除眾生的迷
闇。佛陀的智慧是圓滿的，因此稱為滅除無知之力。）

生老病死憂悲苦

毒害逼切惱眾生

為斯等類起慈悲

以無盡智示菩提

（眾生為生、老、病、死、憂、悲等苦所惱。佛陀見此，
起慈悲心，依無限智慧，教導成佛之道。）

眾生一見如來身

悉能斷除眾煩惱

遠離一切諸魔事

是名清淨妙境界

（眾生若能見到佛陀的形貌，則無苦無煩惱，戰勝一切
誘惑障礙。這是絕對安樂的境地。）

佛陀的世界

　　從經驗的立場而言，佛陀未在菩提道場說法，而是前往
波羅奈斯郊外，在那裡才開始為五位修行者說法（參照101
頁）。但是根據《華嚴經》，佛陀在菩提道場的沉默說法才真
正是說法中的說法。至於對五位修行者的說法等，則是順應
聽者的立場，也就是有侷限性的說法。佛陀的境地本身必定

遠較此更為崇高遠大。但是此絕對境地無法以一般語言來表達，因此佛陀沉默不語，進入深邃的冥想中。感受到佛陀這種威力的諸神，藉著稱讚佛德以暗顯絕對境地的，即是前面從第一章精選出來的詩句。

　　佛陀多生以菩薩身修一切行後，終於成為佛陀。佛陀具備圓滿的智慧與慈悲，救濟一切眾生。眾生不斷生死流轉，為自己的無知和罪惡所苦。佛陀用一切方便，指導眾生如何到達絕對安全的境地。眾生只要能見到佛陀，就有了殊勝的體驗。大略就是以上的意味，而作為整部《華嚴經》中樞的佛陀觀，幾乎可說都在此呈現出來了，這和我們所理解的歷史上的釋迦牟尼佛，在本質上是同一的；而將此再加以擴充，即是《華嚴經》的佛陀——毘盧遮那(Vairocana)。說「無垢妙法如來室」(《八十華嚴》作「住廣大法性中」)時，真理本身亦等同於佛陀，也等於宇宙本身。相對於泛神論，似乎可稱為「泛佛論」。在已出現的一個佛陀的光明中，有無數佛陀的形貌產生，無數佛陀不外是一個全一的佛陀。「海」、「空」、「光」全部都是無限者的象徵，一再出現在整部經典中，非常華麗莊嚴。隨處可見的「十」這個數字，則是圓滿與無限的象徵。

菩薩的修行

　　然而，「成佛之道」亦即菩薩的修行，是長遠且困難的，

此即《華嚴經》的第二個主題。普賢菩薩代表所有的菩薩，
環視所有會眾。

最勝嚴淨　　無數佛土
無量淨色　　甚深功德
真淨離垢　　佛子充滿
常聞妙法　　不思議音

（有無數莊嚴的佛國土，美與善皆是無量。此中滿是清
淨的菩薩眾，常聞說法。）

見佛處此　　師子座上
一切塵中　　亦復如是
而如來身　　亦不往彼
普現佛土　　功德境界

（佛陀雖然如如不動地坐在這個座位上，卻也同時出現
在所有地方。佛陀的身體並沒有去其他地方，但卻能在
一切佛國土中活動。）

佛示一切　　諸菩薩行
說諸方便　　不可思議
令諸佛子　　入淨法界

（佛陀示現一切菩薩的修行，說不思議的方便，引導菩
薩們進入法界。）

　　有無數佛國土，任一佛國土都有無數的菩薩（佛陀的孩
子們）在聽聞佛法。佛陀未往、未至任何處，但卻能隨處現
身，教導菩薩修行之道。菩薩依此到達最高境地──「法界」。
最古時代之佛教視法界為理想界（榭爾[Schayer]之說），在此
使用同一個名稱。修行最後所到達的理想世界，事實上不外
就是指我們內心深處的真實本身。「入法界」是整部《華嚴經》
的課題，如前所述，這也是本經最後一章的題名。
　　如此，以佛陀本身既是絕對同時也是現實的性格以及菩
薩的修行之道，作為兩大主題，而有了《華嚴經》的開展。

普賢與文殊

　　《華嚴經》中出現了很多菩薩，以普賢(Samantabhadra)
作為代表。普賢是菩薩修行的象徵，在這部經典的主要部分
代表發言且修行實踐。不過普賢的言行舉止，全都依靠冥想
中的佛陀的威力，在此意義下，是從屬的；服從於佛陀的意
志，依從信仰，才能實踐菩薩行，法界之道也才因而開啟。
　　普賢之外，還有文殊(Mañjuśrī)登場說法。文殊是來自東
方佛國土的客人，在講說佛教的教理時，會於某些方面談及
到《般若經》的說法。文殊被視為是智慧的象徵。文殊詢問

同樣是客人的賢首菩薩的一章（第八〈賢首品〉），係以菩薩
信仰為中心來進行論述的。

之後，舞臺移到天上❸，繼續有關菩薩修行內容的說法，
但是文殊與普賢都沒有出席。到第二十三章時，舞臺又回到
地上的摩竭陀國，普賢如前繼續說法一直到第三十三章，但
又有兩次被中斷，其中插進五個異質的章節❸。

善財童子

最後的一大章〈入法界品〉是獨立的經典，一開始的場
景也遠在北方的舍衛城祇園精舍。〈入法界品〉是一部「教養
小說」(Bildungsroman)，敍述名為善財童子(Sudhana)的青年，
如何依照文殊菩薩的指導，追求理想的境地「法界」，在遍訪
許多善指導者（善知識❸、善友）後，最後再回到普賢菩薩面

---

❸ 天上的十四章中，除了解說構成菩薩修行階位的「十住」、「十行」、
「十迴向」、「十地」的四章外，還有「十藏」（十無盡藏）一章。
但是，第三章有「十住、十行、十迴向、十藏、十地、十願、十定、
十自在、十頂」的說法，或許這種列舉方式的起源是很古老的，但
是第三章後面並沒有一一加以解說。由此更可以推論說：天上的十
四章並不是本來就有的。

❸ 這五章或許應與天上的十四章，同樣看作是被插入的。

❸ 善知識的人數有五十三人，但在古老的譯本（400年左右）《羅摩伽
經》中，以善勝（無上勝）長者開始，共有十二人，而此經名源自
名為「毘羅摩伽」(avilambaka速疾) 的三昧。

前，完成所有的參訪。在善指導者中，除了宗教家外，很多是在家信徒和女眾，甚至包括一位娼婦❸。善財童子以「普賢的修行」為理想，不迷失自我，遍嘗人生的一切經驗，就這點而言，〈入法界品〉可說是饒富趣味的讀本。

《普賢行願讚》

《六十華嚴》和《八十華嚴》都是以上述的〈入法界品〉結尾。《四十華嚴》則在這之後加了六十二頌，而這大致與佛陀跋陀羅所譯的《文殊師利發願經》和不空(Amogovajila)所譯的《普賢行願讚》內容相同，有各種梵語原典與藏譯的寫本和刊行本。讚嘆普賢為菩薩修行的模範，普賢菩薩發願要讚美、禮拜、供養佛陀，懺悔自己的罪過，讚賞一切眾生的美德，求請佛陀說法，願佛陀永留世間，努力效法佛陀，奉仕一切眾生，將所有這些善行功德迴向一切眾生，希望一切眾生皆安樂，能達到最高的理想——成佛。根據《四十華嚴》的譯文，以其一部分作為範例顯示如下。

　　　我以廣大勝解心

---

❸ 在談到「擁抱」、「親吻」一名叫婆須密多（Vasumitrā）的女性，藉此以入特定三昧的經文時，只有《六十華嚴》故意不將此二語的意思譯出而改以音譯（阿梨宜＝ālingana；阿眾鞞＝ācumbana，刊本作paricumbana），而唐代的兩種譯本譯成「抱持」、「唼我唇吻」。

深信一切三世佛
悉以普賢行願力
普遍供養諸如來

（我堅信諸佛陀，確信普賢的修行，供養諸佛陀。）

我昔所造諸惡業
皆由無始貪瞋痴
從身語意之所生
一切我今皆懺悔

（在此我要懺悔告白所有因以前的貪心、憎恨和無知所
導致由身體、語言和心所犯下的罪惡。）

我常隨順諸眾生
盡於未來一切劫
恆修普賢廣大行
圓滿無上大菩提

（無論何時我都要和一切眾生一起生活，盡未來際一直
實踐普賢的修行，最後到達佛陀最高的覺悟。）

若人誦此普賢願

我說少分之善根
一念一切悉圓滿
成就眾生清淨願

（誦念此《普賢行願讚》，若有一點善根功德，希望成就誓願，讓眾生都能即刻清淨。）

若人普賢殊勝願
無邊勝福皆迴向
普願沉溺諸眾生
速往無量光佛宮

（迴向普賢的修行，藉此無限殊勝的福德力，使現在沉溺罪海中的眾生能夠往生無量光佛之都〔淨土〕。）

《華嚴經》的影響

貝雅特麗絲・鈴木(鈴木大拙的夫人)認為《華嚴經》是世界文學最傑出的作品之一。其規模之壯觀，思想之高深，表現之豐富，說是宗教文學的極致，亦不為過。

可以想見，在印度也影響深遠。而在中國，有賢首大師法藏（643～721年）組織華嚴宗。此經很早就傳到日本，是奈良六宗之一，興盛一時。奈良東大寺的大佛就是此經中的

毘盧遮那佛；綜合一切佛陀，象徵宇宙本身。良弁、高弁和
凝然等是華嚴宗有名的學僧，此外，有關中世之後的大師的
研究也還在進行中。華嚴教學也為其他宗派所重視，例如弘
法大師空海即以華嚴為哲學的最高位；淨土教也極重視。這
正顯示了華嚴思想的普遍性與包容力。從現代思想立場出發
的研究也極熱門，日後可拭目以待。

　　《華嚴經》也影響到日本的文學與美術。特別是〈入法
界品〉的善財童子常被當作題材，出現在畫卷中。與華嚴有
關的名稱很多，如日光的華嚴瀑布可說是壯大的象徵。另有
此一說，東海道五十三次（譯者按：「東海道五十三次」係江
戶時代，在江戶日本橋與京都三条橋間的東海道所設置的五
十三個驛站，東起品川，西至大津。）就是與〈入法界品〉的
善知識數目有關。

七

維摩經

只要有無知和對生存的意欲，
我的病也就不會好。
只要眾生有病，我就有病。
若眾生病癒，菩薩也就痊癒。
因為菩薩的病是從大慈悲產生的。

維摩與毘舍離

　　《維摩經》是一部具戲曲風格的作品，主角是在家信徒維摩（Vimalakīrtii，又稱維摩詰、無垢稱、淨名），住在商業自由都市毘舍離。毘舍離位於恆河中游北岸，很早就有很多佛陀的信徒，思想非常先進，成為佛教革新運動的舞臺。

　　據說玄奘和唐朝使節王玄策都曾親眼目睹過維摩宅第的遺跡，但他是否為真實的人物並不清楚。如果從《大集經》（《大正藏》一三・二一七上、二四〇下、三・二中下、二三下）中也出現其名，《頂王經》（一名《善思童子經》）和《月上女經》有男子維摩與一女子的記載看來，或許是真實的歷史人物。誦讀《維摩經》時，可以看到一位支持顛覆既有教團的改革精神者，其鮮活的面貌。或許我們可將這部經典看作是住在毘舍離的在家信徒們所實際合力製作、傳承下來的吧！

原　典

　　《維摩經》的梵語原典已散佚不存，但是從其為二、三本論書所引用的地方來看，可以想像原文的旨趣，而且可知此經在印度也曾被廣為讀誦。現存漢譯本有以下三種，此外，也有藏譯。

一、《維摩詰經》，支謙譯，222～229年左右。

二、《維摩詰所說經》，鳩摩羅什譯，406年。

三、《說無垢稱經》，玄奘譯，650年。

最古老漢譯是嚴佛調（188年）的譯本，但是現已不存。

現存三個譯本繁簡有別，但是章的區分與內容並無太大的差別。其中，鳩摩羅什流暢的譯本最受喜愛，自古只要提到《維摩經》，一般就是指此譯本，因此就以此本來作說明。

再者，藏譯與漢譯三本中的玄奘譯最為一致。此外，還有發現到以中亞的死語粟特語(Sogdian)寫成的譯本以及于闐語譯的斷片，並有人加以解讀。

序　曲

佛陀停駐在毘舍離郊外的僧院。在此聚集了弟子八千人、菩薩三萬二千人，爾時，有一名叫寶積(Ratnākara)的信徒率五百青年前來禮拜。他們都是菩薩，立志建設佛國土（理想世界），為此前來求法。佛陀說，菩薩建設佛國土應該與所化眾生的根性相應，而且負責建設的菩薩，其心也必須是清淨的。心若清淨，則所建設的佛國土也是清淨的。（以上是第一章〈佛國土品〉）

維摩生病

　　接下來的一章，說明維摩的人品。他是在家信徒，有妻子、家庭，食衣住行與一般人無異，甚至還會去各種場所，也會出入遊戲場所，與賭客交往。不僅與王侯貴族交談，也與庶民、小孩親近。但是無論何時，都能說出與聽者相應的教法，孜孜不倦地予以適切的指導。外表上看來與一般的市民無異，但實際上卻已具備作為菩薩的一切資格。

　　維摩生病了。與其說生病，倒不如說他故意裝出生病的樣子；因為菩薩會依需要示現出各種形貌。當維摩生病的傳言傳開時，王侯貴族、學者以及一般的市民都前往探望。維摩就藉此機會說：「就是這麼一回事，肉體是極易朽壞的。」並闡揚說對我們而言，更重要的是「佛陀之身」亦即「真理之身」（法身）。他教導前來探病的客人，必須以這種「佛陀之身」為目標而精進努力。（以上是第二章〈方便品〉）

佛陀的弟子們

　　在病床上的維摩思念佛陀。佛陀感知到此，就想要找人去探望維摩。首先，佛陀命弟子舍利弗前往，但是他馬上辭退，坦承自己曾有過的窘況──

　　有一次當舍利弗坐於林中樹下，入冥想時，維摩前來說：

「冥想不是這樣做的。身心都不出現在此現實的世界，是為
冥想；滅卻身心卻依然能示現美妙的動作，是為冥想；不斷
除輪迴世界之迷妄，就這樣依然能進入理想的境地，是為冥
想。」（譯者按：原本作「不於三界現身意，是為宴坐；不起
滅定而現威儀，是為宴坐；……不斷煩惱而入涅槃，是為宴
坐。」，《大正藏》一四·五三九下）

　　人稱智慧第一的舍利弗，經維摩這麼一說，竟無言以對。
由於曾經發生過這樣的事情，所以他認為自己沒有資格去探
病。

　　其次，佛陀指名大目犍連(Mahāmaudgalyāyana)，但是他
也坦承有被維摩考倒的經驗。如此，十大弟子一個一個坦承
各自的失敗，婉拒前去探病。（以上是第三章〈弟子品〉）

　　同樣地，以彌勒為首的三位菩薩與給孤獨長者，也分別
說了理由，辭退不去。（以上是第四章〈菩薩品〉）

兩位大師的對談

　　最後，佛陀指派文殊菩薩，他無法推辭佛陀的命令，也
就接受了這個任務。許多弟子和菩薩們都想聽聽他們的問答，
所以就一起同行。文殊菩薩與維摩之間的問答構成本經的核
心。

　　維摩知道有人要來探病，就以神通力將家裡變得空無一
物，也不留侍者。除了自己所躺的一張床外，看不到任何的

傢俱。

　　維摩一看見文殊菩薩，就開口說:「難得您來，歡迎歡迎!你不來而來，不見而見，不聞而聞」。文殊菩薩答:「您說的極是，已來者不來，已去者不去，已見者不見。嗯!您的病怎麼樣啊?佛陀令我前來探望。」

　　「文殊菩薩啊!（在這世上）只要有無知和對生存的意欲，我的病也就不會好。只要眾生有病，我就有病。若眾生病癒，菩薩也就痊癒。因為菩薩的病是從大慈悲產生的。」

　　兩人繼續對答，談家中的空無一物，生病與病人的心理等。（以上是第五章〈文殊師利問疾品〉）

　　彼時，舍利弗發現房間裡沒有椅子，就開始擔心「菩薩和弟子們要坐在哪裡好呢?」維摩見此，問舍利弗:「你是為求法而來?或者是為找椅子而來?」於是就開始開示何謂求法。之後，從須彌相(merunimitta)佛國土中取來三萬二千把椅子。這些都是高幾萬公里的大椅子，但是擺在方丈的室內，仍然綽綽有餘。菩薩們快樂地坐下，弟子們得到幫助後終於也登上高座。

　　維摩對目瞪口呆的舍利弗等，開示「不思議的自在力」。佛陀和菩薩超越了空間與時間的大小，而且可以在必要的時候化身成任何形貌。（以上是第六章〈不思議品〉）

　　接著，話題轉到眾生（一切生物）。菩薩是如何看待眾生的呢?維摩主張，不可以認為眾生是固定不變的。他提到許多的譬喻，如映現在水中的月影、虛幻的人影、映現在鏡中

的形貌、陽炎、谷響、空中的雲彩、水花、水泡、芭蕉心、閃電等。簡言之，一定要打破實體的觀念。正因為如此，菩薩不執於眾生，而能夠以慈愛慈悲來指導他們。救濟是真切的，但心必須始終保持冷靜。

文殊菩薩繼續問維摩，話題轉到萬物以無住為本這個主題。

此時，一位住在維摩屋內的天女出來散花；落到菩薩身上的花隨即掉到地上，但落到弟子們身上的花卻附在他們身上掉不下來。接著是驚慌的舍利弗與天女間的問答。拘泥於男女以及迷悟之區別的舍利弗，與超越一切差別的天女之間的言語交鋒，最後達成了「就因為不悟，所以才是悟」的反論。（以上是第七章〈觀眾生品〉）

之後，又是維摩與文殊菩薩之間的問答。話題轉到如何實踐佛陀的教法。維摩斷言「非道之道」（非道）才是菩薩道。小乘佛教修行的目標是否定貪、瞋、痴，但毋寧要在這些煩惱中，才會有覺悟的契機，不是嗎？就好比蓮花開在泥沼中，而非乾燥的土地上。即正因煩惱多，才能達到清淨的境地。

菩薩之母是「智慧的完成」（般若波羅蜜多），父是「方便善巧」。以「對法的喜悅」為妻，「慈愛」與「哀憫」是女兒，「法」以及「（絕對與現實的）二重真理」是兒子。（以上是第八章〈佛道品〉）

入不二之門

至此一直和文殊菩薩對談的維摩，現在將發言的機會讓給在場的菩薩們，希望他們談談有關入「不二」法門的問題。「不二」也可說是「對立的統一」。對此，第一個菩薩說。

「生滅是二。不生者不滅。確信不生法（無生法忍）是入不二之法門」。接著，其他菩薩就各種對立說不二，如「我與我所擁有者」、「染污與清淨」、「散漫與沉穩」。之後，大家問文殊菩薩的意見，文殊菩薩說：「大家所說的都很好，但都只是『二』。言而不言，語而不語，說而不說，此為入不二。」

如此說了之後，文殊菩薩徵求維摩的意見，維摩則保持沉默，不發一語。文殊菩薩讚美說：「這才是真正的不二法門。」（以上是第九章〈入不二法門品〉）

遠來之客

討論「入不二法門」時，達到了最高潮，此時，舍利弗又開始擔心俗事。他想已經到了午飯時間，中餐應該怎麼解決呢？維摩知道他的心事後，就指責他說：「你是想要吃飯，還是想要聞法呢？」但維摩還是想辦法要從他方佛國土取來上好佳肴，於是就有菩薩們從名為「散發一切香」（眾香）的佛國土將它帶來。那些菩薩說，在彼佛國土中，佛陀只是放香，

不需要言語說法，大家只是藉著聞香，就可完成修行。

　　對於從那個佛國土來的菩薩們所問的問題，維摩解釋說：「在我們的國土中，因為眾生不懂道理，所以必須要為他們解說地獄、畜生、餓鬼等趣，一一教導何謂善、何謂惡。」從他方佛國土而來的菩薩們聞此，深表同情地說：「真是辛苦。」維摩回答說：「正因為教化工作困難，在此佛國土，釋迦牟尼佛和菩薩們的努力才有意義。」所有菩薩聽到後，都非常讚嘆。（以上是第十章〈香積佛品〉）

維摩的真面目

　　場景再度拉回到最初的僧院。突然一切都變得金光閃耀，維摩帶領大家一起前來。從他方佛國土來的菩薩們也隨行，在聽聞釋迦牟尼佛的說法後，滿心歡喜地回到原來的國土。（以上是第十一章〈菩薩行品〉）

　　佛陀向維摩問道：「如何見佛陀？」維摩回答說：「不見佛陀即是見。不應視佛陀為曾經存在、現在存在、將來存在者。」佛陀是絕對者，絕對者不會是感覺與思惟的對象。

　　聽到佛陀與維摩之間的問答，舍利弗愈來愈感到驚訝，心想維摩究竟是何許人也。因此，佛陀就說出了維摩的真面目。

　　有一佛國土名妙喜(Abhirati)，彼處有佛名阿閦 (Akṣob-hya，無動) 佛。那是清淨的佛國土，維摩就是特別從那裡到

此娑婆世界來救度眾生的。

　　釋迦牟尼佛周遭的人們想要看看那妙喜佛國土。於是，維摩順應他們的請求，而輕輕地將整個妙喜佛國土放在一隻手上，展示在眾人面前。（以上是第十二章〈見阿閦佛品〉）

落　幕

　　本經主要的部分就此結束。接著，佛陀以往昔因緣來回答帝釋天的問題。從前在藥王(Bhaiṣaja-rāja)如來佛陀時，有一位叫做月蓋(Soma-chattra)的王子，他聽說在一切供養當中，「法供養」最為殊勝後，就開始聽聞佛法並身體力行，進而教導他人如何實踐。結果，月蓋王子在很久以後，也成為佛陀。那位王子就是今日的我──釋迦牟尼佛。比起提供佛陀與其弟子衣食住等形質上的供養，「法供養」遠比它要殊勝，這就是《維摩經》的思想。（以上是第十三章〈法供養品〉）

　　最後一章在勸導要保存、讀誦並推廣此經典後，總結全經。（以上是第十四章〈囑累品〉）

《維摩經》的影響

　　因為本經典的內容與《般若經》有許多共通點，所以在印度常為中觀派學者所引用。漢譯一出，立刻獲得迴響。從四世紀左右開始，就受到謝靈運等詩人的重視。五世紀時，

鳩摩羅什的譯本完成後,幾乎沒有文人雅士不知道《維摩經》。
即使在現代,梅蘭芳還以「天上散花」為題,上演此經典的
場景。

　　在日本,這部經典也是最早為人所知的佛典之一。據稱
聖德太子曾作《維摩義疏》,而飛鳥時代學僧的研究在奈良時
代以後也一直持續;鎌倉時期,凝然作有注釋。本經也極受
禪者的好評。明治、大正、昭和時代,追求佛教新指導精神
的人士中有許多人雅好《維摩經》。

八

勝鬘經

攝受正法是藉著捨棄身體、生命、財產，而得以實現。
換言之，
藉著捨棄身體，獲得永遠的佛陀身；
藉著捨棄生命，獲得不滅的佛法；
藉著捨棄財產，獲得受一切眾生尊敬的無限德性。

《勝鬘經》

《勝鬘經》的梵語原典❸已經散佚，現存以下兩種漢譯。

一、《勝鬘師子吼一乘大方便方廣經》，求那跋陀羅譯，436年。

二、《大寶積經第四十八會•勝鬘夫人會》，菩提流支譯，706～713年。

第二本乃補訂第一本而成，現在一般都還是閱讀第一個譯本。藏譯的經名是《名為神聖的勝鬘夫人獅子吼的大乘經典》，和兩本漢譯有些不同。

開　場

釋迦牟尼佛的教化活動南起摩竭陀國，北至舍衛國。舍衛國的波斯匿(Prasenajit)王受到末利(Mallikā)王妃的感化皈依佛教（至此是史實）。此王妃所生的勝鬘(Śrīmālā)❸，後來

---

❸ 根據某些梵文原典現存的「論」中所引用的文句，能夠想像《勝鬘經》原文的面貌。這些「論」漢譯的名稱為《大乘莊嚴經論》(Mahāyā—nasūtrālaṁkāra)、《究竟一乘寶性論》(Uttaratantra)與《大乘集菩薩學論》(Śikṣyasamuccaya)。

❸ 末利王妃生下女兒一事也見於其他書中，但是以後的記述是否根據史實，就不得而知。

嫁給住在別都阿踰闍(Ayodhyā)❸的友稱(Yaśomitra)王。娘家的雙親令侍女送信,勸女兒信仰佛教,《勝鬘經》即由這個故事拉開序幕。

信教誓言

讀完娘家雙親捎來的書信,勝鬘王妃祈願見到佛陀,就在那個剎那,佛陀出現在空中。王妃讚美❹佛陀的色身、智慧、佛法是無限的,而後皈依佛陀。

> 如來妙色身
> 世間無與等
> 無比不思議
> 是故今敬禮

> (世上無有等同於佛陀者,不可思議,無法形容。禮拜世主。)

> 如來色無盡
> 智慧亦復然

---

❸ 阿踰闍是印度古代大史詩羅摩衍那(Rāmayāna)的舞臺,文化早開。

❹ 此讚美詩自中國唐代初期被當作梵唄(佛教歌謠)之一以來,在日本,天台、真言以及其他宗派也把它當作「如來唄」使用在法會中。

一切法常住
是故我皈依

（佛陀的形貌和智慧都是無限的，您的佛法也是無限的。
神聖的您才是皈依處。）

　　佛陀說他與王妃的因緣在過去世就已經存在，並預言：
「由於讚美佛陀功德，你在未來將會歷經許多幸福的生涯，
在侍奉了許多佛陀後，於遙遠的未來，將會成佛，名為普賢
(Samanta-bhadra)❹如來。在彼佛國土中，沒有惡與惡的果報，
一切都只是善，也沒有不幸存在。」

　　王妃聞此，立下十條誓言：㈠遵守戒律、㈡不侮辱尊長、
㈢不憎恨眾生、㈣不嫉妒他人、㈤不吝嗇、㈥財物只用於救
濟弱者、㈦為他人的幸福盡心、㈧必救苦難者、㈨處罰或導
正販賣生肉等惡行、㈩領會正法決不遺忘（攝受正法）。❹

---

❹ 漢譯作普光(Samanta-prabha)如來。

❹ 此十條當中，最重要的是第十條的「領會正法」，漢譯作「攝受正
　法」。「正法」也譯成「妙法」，是最高的真理、佛陀覺悟的內容，
　是絕對者。大乘佛教就是以「領會」（攝受）此法為理想。

攝受正法

　　勝鬘王妃接著又發三大願：在盡未來際的每一生中，都要㈠理解正法，㈡宣說所理解的正法，㈢不顧身命，護持正法。發願後，接著說以此三大願為首的一切的願都可統攝在「攝受正法」一大願中。

　　攝受正法並非存在於攝受正法的人之外，它不外是菩薩的六波羅蜜多（圓滿的實踐）（122頁）。

　　再者，攝受正法是藉著捨棄身體、生命、財產，而得以實現。換言之，藉著捨棄身體，獲得永遠的佛陀身（理想態）；藉著捨棄生命，獲得不滅的佛法（絕對的真理）；藉著捨棄財產，獲得受一切眾生尊敬的無限德性。

　　而且，所謂正法實際上不外就是大乘。小乘人雖然斷除一般的煩惱（迷），但是還沒有滅絕根本的煩惱（無明住地——無知的根本）。滅絕根本煩惱唯有依佛陀的智慧一途，這就是大乘。

　　但是，小乘最終也將回歸大乘。大乘的理想是佛陀的覺悟，也稱為涅槃或法身（真理本身）。亦即與佛陀同一，為體現永遠的慈悲和誓願之人。

　　佛教一般都是皈依佛、法（真理）、僧（教團）三寶。而法與僧並不是在佛陀之外，因為只要皈依佛陀，也就包含對法與僧的皈依了。

如來藏

　　《勝鬘經》的特色之一就是被稱為「如來藏」的思想。
「藏」指「胎」或「胎兒」，此術語有幾種含意。第一、因為
一切眾生具有可成為如來（佛陀）的素質，所以是「如來的
胎兒」。第二、因為眾生尚未將佛陀的性格發揮出來，所以眠
伏在「如來的胎內」。第三、眾生因為煩惱，掩隱了潛在於內
心的佛陀性格，未表現出來，「有如胎兒」。由於這些理由，
名為「如來之胎」亦即「如來藏」。存在於此如來藏思想底層
的是以下的想法：雖然說眾生的現實狀態是不圓滿的，但其
本質與如來這樣的理想狀態是完全同一的。「我們眾生的精神
在本質上是清淨的，但為偶然的外在因素所掩蓋，一時變得
混濁不清」，這種看法在屬於小乘的大眾部系中已經出現，如
來藏就是此思想的開展。

　　在《勝鬘經》中，藉著此如來藏，來說明我們的現實狀
態亦即迷妄、輪迴的各種差別現象如何生起。同時並藉著此
如來藏，來說明如何反省此現實狀態，解脫生死輪迴，追求
涅槃的理想狀態。

　　勝鬘作了如上的說明後，即斷言：「精神在本質上是清淨
的」，而且「此清淨的精神被弄得混濁不清」，這不是一般人
的思惟所能及，只有佛陀的智慧才能理解。在此，哲學性的
思惟跳躍至宗教的信念。

在勝鬘演說的最後部分，仍在闡明此宗教信條。在此，大乘的信徒被區分為三種：第一、自己領會深奧的真理者，第二、具有與真理相應的理解力者，第三、對於以自己的理解力去理解深奧真理沒有自信，認為唯如來能知而皈依佛陀者。這三種人不會毀謗深奧的真理，會護佑自己，生起許多福德，實踐大乘之道。勝鬘的演說至此結束，佛陀讚賞了她之後，飛向空中，回到舍衛國。以此機緣，大乘教法弘傳到阿踰闍；另一方面，佛陀在舍衛國，指示要將此演說作為經典保存，以傳揚到世界各地。

《勝鬘經》與阿踰闍

《勝鬘經》全篇幾乎都是勝鬘王妃個人的獨角戲，而且值得注意的是此演講者是女性，但內容卻一點也沒有談到女性的問題。在許多大乘經典中，雖然有不能以女身往生淨土，或者是要變成男子後才可成佛之類的限制，但是在《勝鬘經》中，女性的障礙完全不成為討論的問題。而以女性為主角，反映出佛教傳入宮廷的歷史事實。前面已經談過舍衛國末利夫人的故事。在阿踰闍西南方的憍賞彌(Kauśāmbī)的都市，也是妃子們先信仰，才促成了優陀延(Udayana)王入信的機緣，這些都見諸於許多聖典中。即使把《勝鬘經》當作小說，就故事而言，王妃率先入信這樣的布局，也是很自然的。

雖然沒有證據顯示佛陀時代曾經在阿踰闍傳教的事實，

但是紀元後四世紀末以後，以無著和世親兄弟為中心的唯識派的大乘佛教盛行於當地。以上所介紹的《勝鬘經》即提供了此派思想上有力的根據，常為該派論書所引用。從其舞臺安排在阿踰闍看來，或許也可以想像這部經典實際上就是在此成立且被傳承下來的。此與自由都市毘舍離的《維摩經》的情形類似。

影　響

除《楞伽經》曾引用《勝鬘經》外，《密嚴經》、《如來藏經》、《涅槃經》也都受到其影響。在「論」當中，除前述（179頁）外，《大乘法界無差別論》、《佛性論》等唯識系的論書，以及《金剛仙論》、《大乘寶要義論》亦曾引用此經。再者，從內容來看，可以推定其對《大乘起信論》的成立也有一定的貢獻。闡明絕對者（佛陀的本體）的《勝鬘經》之思想，不僅影響到唯識思想，在中國還與華嚴宗和禪宗一起發展；對日本佛教的形成也影響深遠。另外，「一切眾生都具有可成佛的素質，無有例外」這種思想的根據，也見於此經。

在中國，嘉祥大師吉藏（549～623年）的《勝鬘寶窟》是代表性的注釋書，依據其書中所引，已經有數十位學者作了注釋。在日本，據傳是聖德太子所作的《勝鬘經義疏》之外，現存還有凝然和普寂的注釋。此經從中世以來，除一部分學者外，不太為人所閱讀，不過由於沒有其他經典中常有

的修飾字眼，所以即使作為思想性的書籍，也很適合現代讀
書人鑑賞。

九

法華經

佛陀在眾人、眾神以及其他眾生面前，
說同樣的法給他們聽。
但是就如同草木有大中小的區別，
聞法者也有大中小之別。
「音聲弟子」就如同小草木般，
只要一點點教法就滿足了。
「孤獨的佛陀」就如同中草木一般，
某種程度的覺悟就能滿足。
但是，
如同大草木的菩薩們.
則以佛陀的最高境地為目標。

《妙法蓮華經》

　　《妙法蓮華經》略稱為《法華經》，梵語原典❹發現於尼泊爾、喀什米爾和中亞三地。二十世紀後，刊行四次，也有根據原文譯出的多國語譯本。

　　現存的漢譯本有以下三種：

　　一、《正法華經》，十卷，竺法護譯，286年。

　　二、《妙法蓮華經》，七卷，鳩摩羅什譯，406年。

　　三、《添品妙法蓮華經》，七卷，闍那崛多(Jñānagupta)與笈多(Dharmagupta)合譯，601年。

　　其中，第三本是補訂第二本而成。在東亞，提到《法華經》都是指第二譯。此外，藏譯在內容上與尼泊爾本大致相同。再者，現存的還有古代土耳其語以及西夏語等的斷片。

　　在此，以東亞流傳最廣的鳩摩羅什譯《妙法蓮華經》來作說明。

---

❹ 最古老的寫本是在中亞發現的少數斷片（五世紀？）。較完整的寫本當中，以六世紀初喀什米爾的吉爾吉特(Gilgit)出土本為最古者；尼泊爾系是十一世紀以降的寫本，又中亞出土的二種完整本以及其他的寫本，雖然字體古者，但是內容較尼泊爾本更新。

開　場

　　舞臺是摩竭陀國國都王舍城郊外的靈鷲山（Gṛdhrakūṭa，鷲峰）。

　　佛陀首先為菩薩們說大乘教法，而後入禪定。就在那時，從佛陀眉間發出一道光芒，照耀東方一萬八千佛國土。在諸佛國土中，從最下層的地獄到最上層的天界都被清楚映現出來，可以看到諸佛國土中佛陀的形貌，也可以聽聞其說法，並且可以看見佛陀們不久入滅，和為供養佛舍利而用寶石建造的舍利塔。

　　看見此不可思議的情景，大家都認為這一定是某種徵兆。彌勒菩薩詢問文殊菩薩，文殊菩薩回答說：昔日，在名為日月燈明的佛陀時代，也出現過與今日相同的奇景，彼佛陀入禪定後，從眉間放光，照耀一萬八千佛國土，出禪定後，說「妙法蓮華」此一大乘教，之後，於夜半入滅。（以上是第一章〈序品〉）

三乘與一乘

　　不久，出了禪定的佛陀，向弟子舍利弗說：「佛陀的境地對佛陀之外的人而言是不可解的，因此，方便說『三乘』❹之

---

❹ 所謂「三乘」就等於「小乘」。亦即㈠只以自己的解脫為最高理想

教。」

　　舍利弗察知佛陀的意圖，祈求佛陀說此「一乘」。佛陀兩度拒絕其請求，到舍利弗第三次請求時，才宣說此法。彼時，五千位弟子們離席而去，因為他們滿足於之前的教法，所以不想聽聞「一乘」之教。（以上是第二章〈方便品〉）

　　聽聞佛陀的話語之後，舍利弗宣稱改信大乘之教，佛陀預言說，舍利弗將在未來世成為佛陀，名為「華光」(Padma-prabha)。

火宅喻

　　在此，佛陀說了一個譬喻。

　　有一位大富豪，住在大豪宅裡，豪宅的出口只有一個。某日，突然起火。當時孩子們正玩在興頭，雖然聽到「趕快出來」的叫聲，但卻置之不理。「外面有好玩的東西喔！這裡有羊、鹿、牛拉的車車，快點出來外面玩喔！」聽到這些話後，小孩們就往外跑，富豪給每一個小孩一輛白牛拉的漂亮車子。富豪心想：「這些都是我可愛的小孩，一定要給他們最好的車

　　的「聲聞」（「音聲弟子」），㈡雖然已經悟出因果道理，但只以此自滿，不向他人說法的「獨覺」（或名「緣覺」、「孤獨的佛陀」），這二者是小乘。此外，㈢雖然知道有圓滿的佛陀存在，但以為與自己無緣而放棄，此乃小乘的立場。相對於此，認為「成佛之道是任何人都可開啟」的是「一乘」，亦即「大乘」，此乃《法華經》的立場。

乘——大乘Mahāyāna，怎麼能夠有差別待遇呢?」(以上是第三章〈譬喻品〉)。

窮子喻

接著，預言其他有代表性的弟子都會成佛。

摩訶迦葉等四人藉著以下的譬喻來證明自己的幸運——某男子離開父親，到他國流浪了好長一段時間。期間，父親成為大富豪，但是無日不在思念自己的兒子。經過五十年後，兒子碰巧經過父親的豪宅，他想「像我這樣的乞丐，來這種地方是沒有用的」，就想趕快離開。父親一眼就認出自己的兒子，想到「來日不多的今天，終於可以把全部的財產都留給我的兒子了」，於是就命人去叫他過來。乞丐害怕以為要被處罰，就暈了過去。不久，被潑了冷水以後醒來的乞丐，為自己能被釋放，感到非常慶幸。父親特別再命令兩位看起來很窮酸的男僕去追他，告訴他說：「要不要和我們一起工作? 薪水不錯喔!」青年很歡喜地被僱用為打掃穢物的清潔工。不久，富豪自己也換上粗布衣來接近那青年，與他慢慢熟悉，之後在此二十年間，青年都是從事低賤的勞動工作，即使在自己的父親家出入，依然是住在簡陋的小屋裡。不久，主人就將全部財產完全委託他管理。最後，到了臨終時，就在親族、王族❹和地方士紳面前，宣布說那位青年就是自己的親生兒

---

❹ 在此，並不是指具大勢力的國王，只不過是地區的統治者。就社會

子，而讓他繼承全部的財產。

摩訶迦葉等人講了這個譬喻後，就說我們自己就如同是那大富豪的兒子。佛陀之前向我們開示小乘之教，這就好像讓我們做低賤的工作一般。我們相信佛陀所說的話，依教奉行努力不懈。但是，今日佛陀宣布我們就是他的親生兒子，是佛陀的後繼者，才知道迄今一直以為與自己無緣的大乘之教，竟然為自己所擁有。摩訶迦葉等作如是說後，對自己的幸福感到歡喜。（以上是第四章〈信解品〉）

草木喻

聽了摩訶迦葉等的話後，佛陀加以讚賞，又接著說了以下的譬喻。

在這世界上，有各式各樣的植物。烏雲出現，全世界下了一次雨。降下的雨水都是一樣的，但大中小的草木則依各自的需要吸收水分，開出不同的花朵，並結出不同的果實。

佛陀也完全一樣。佛陀在眾人、眾神以及其他眾生面前，說同樣的法給他們聽。但是就如同草木有大中小的區別，聞法者也有大中小之分。「音聲弟子」（聲聞）就如同小草木般，只要一點點教法就滿足了。「孤獨的佛陀」（緣覺）就如同中草木一般，某種程度的覺悟就能滿足。但是，如同大草木的

背景而言，打掃穢物的清潔工成為富豪的繼承者，這種佈局有點牽強。因為在種姓制度嚴謹的印度一般社會中，這畢竟是很難想像的。

菩薩,則以佛陀的最高境地為目標而精進。(以上是第五章〈藥草喻品〉)

醉酒喻

　　接著,佛陀預言(授記)摩訶迦葉等四人在遙遠的未來都將成佛(第六章〈授記品〉)。又預言許多佛弟子們也都會成佛(第八章〈五百弟子授記品〉、第九章〈授學無學人記品〉)。

　　在此記述(第八章)中,弟子們向佛陀敘述以下的譬喻。

　　有一男子醉倒在友人家中。友人老早就想幫助這位男子,但因為有急事,離去前就將一顆珍貴的寶石縫在男子的衣服內。男子醒來以後,流浪到他國,做苦工,過著貧窮的生活。兩人碰巧又相遇了,友人看見那男子的窘狀,就說:「當年我特別給了你寶石,你還在這裡做什麼啊? 快點去都城,將那寶石賣掉,用所得的錢來經商才是啊!」

　　弟子們講完此譬喻後說:「往昔,佛陀雖然授與我們菩薩道,但是我們將它遺忘,只滿足於小乘教。」

寶塔出現

　　佛陀與弟子們談話時,在他們面前,有一七寶巨塔突然從地面湧出,高高靜止在空中。從美麗的寶塔中,有聲音傳出:「釋迦牟尼佛啊! 善哉! 善哉! 您講說《法華經》,您所

說的皆是真實。」大家都覺得奇怪，想知道其緣由。佛陀對此疑問，作了如下的說明。

　　往昔在東方，有佛陀名多寶如來(Prabhūta-ratna)。那佛陀曾經發願說：「凡有宣說《法華經》的地方，必定會出現收藏我遺體的寶塔，而加以讚嘆。」那位佛陀入滅後，有大寶塔被建蓋，就是現在此處所見的七寶塔，剛才聽到的就是多寶如來的聲音。不過，為了禮拜塔中多寶如來的全身，一定要將此釋迦牟尼佛的分身全部集中在此。

此世是淨土

　　在此，《法華經》進入一新的階段。亦即正在王舍城郊外的靈鷲山說法、為弟子所圍繞的釋迦牟尼佛，有廣布十方世界的無數佛陀作為其分身。而且，為了證明現在正在講說的《法華經》的真實性，收藏多寶如來全身的寶塔出現在面前。

　　如是，釋迦牟尼的佛國土──就是我們所住的世界──在那瞬間變成理想的樂土，沒有山、河、海的區別，除了出席此法會者以外，什麼都不存在。地獄等當然也不存在。

　　作為釋迦牟尼佛分身的無數佛陀聚集於此。在此，釋迦牟尼立於空中，將右手指放在寶塔上，門左右開啟，中間出現多寶如來的全身。釋迦牟尼接受多寶如來的邀請，進入寶塔內，兩個人各就半座。釋迦牟尼將大眾喚到跟前來，讓他們立於空中，並作如是說：「在你們當中，有誰能在此娑婆世

界廣說《法華經》呢？我不久即將入滅了。」（以上是第十一章〈見寶塔品〉）

《法華經》的行者

聽到佛陀這麼說，許多菩薩與「音聲弟子」等都發願說，無論在此世界或在其他世界，都要弘揚《法華經》。在這時候，佛陀又預言其養母摩訶波闍波提(Mahāprajāpatī)與耶輸陀羅(Yaśodharā)王妃等數千比丘尼將來都可成佛，他們也都發願要弘揚《法華經》。（以上是第十三章〈勸持品〉。其他譯本是第十二章）

佛陀的壽命

又在此時，從他方佛國土來的許多菩薩，稟告佛陀說，如果佛陀允許的話，他們也要在此娑婆世界努力弘揚《法華經》。對此佛陀回答說，在自己這個娑婆世界中，已經有很多菩薩，當自己入滅後也不用擔心了。為了證明自己所說，從地下呼喚出許許多多的菩薩。釋迦牟尼佛說他們都是他以前所教化過的人，藉此解答大家的疑問。

接著，又有新的疑問產生。釋迦牟尼原來是在作太子的時候出家，於接近伽耶(Gayā)城的菩提道場成佛以來，不過只有四十多年；在那麼短的期間，如何能教化那麼多的菩薩

呢？譬如說，有一位二十五歲的青年卻說百歲老人是自己的
兒子，有誰會相信呢？（以上是第十五章〈從地涌出品〉。其
他譯本是第十四章）

　　以此疑問為契機，顯示新的真實。小即，佛陀並不是在
伽耶城郊外才成佛的。實際上是從無數年月以前，佛陀就已
經成佛了。佛陀的壽命是無限、常住不滅的。但是，如果認
為佛陀一直都會在我們眼前，人們就會輕忽而怠於修行，因
此說佛陀出現於世是極罕見的，即使出現也會入滅。有關於
此，佛陀說了如下的譬喻。

醫者喻

　　醫術高明的醫生不在家時，他的孩子們吞了毒藥。醫生
回來後，配藥給他們吃。神智還算清醒的小孩馬上就把藥吃
了，立刻痊癒；但是毒藥攻心的孩子卻不想吃藥。父親就想
了一個辦法，自己跑到別的國家，不久傳回他已經過世的消
息。孩子們想起了父親，於是就聽父親生前說過的話，吃了
藥，恢復了健康。被認為已經死去的父親就在這個時候回來
了。同理，說佛陀入滅同樣也是種方便。（以上是第十六章〈如
來壽量品〉。其他譯本是第十五章）

《法華經》的功德

《法華經》的主要部分至此結束，接著又說人們聽到佛陀的壽命無量，心生歡喜，發願弘揚此部《法華經》；還提及信奉《法華經》的功德和毀謗《法華經》的不幸。（第十七章〈分別功德品〉、第十八章〈隨喜功德品〉、第十九章〈法師功德品〉、第二十章〈常不輕菩薩品〉。其他譯本是從第十六章到第十九章）

如是，佛陀更進而將十方無數世界的相貌顯現在大家面前。十方一切世界都讚賞弘揚此部《法華經》的釋迦牟尼佛。（以上是第二十一章〈如來神力品〉。其他譯本是第二十章）

最後，佛陀激勵菩薩們，請多寶如來等各自回到原來的世界，在眾人歡喜之際落幕。（以上是第二十二章〈囑累品〉。其他譯本是第二十七章）

結　論

以上的梗概是《法華經》二十八章（其他的譯本是二十七章）中，我認為屬於「原初的」十八章❹的內容。

---

❹ 剩下的十章中，第七〈化城喻〉、第十〈法師〉、第十二〈提婆達多〉、第十四〈安樂行〉這四章原來一定是各自獨立的經典。第二十五〈普門品〉也是如此，現在以《觀音經》此一別名，普及甚廣。再者，

　　信奉《法華經》的群眾是行動派的。在紀元一世紀之前，似乎已具經典的形式❹，後來在傳承時，產生種種的分派。即使比較現存的諸本，大概也不可能將這些還原為原初的一本。

影　響

　　在印度，《法華經》也為《大智度論》❹引用，也有世親(Vasubandhu)注釋的《妙法蓮華經憂波提舍》，但現存的都只有漢譯。後來，《大乘集菩薩學論》也曾引用其原文。

　　鳩摩羅什所譯出的大乘經典在中國都廣為讀誦，《妙法蓮華經》也產生很大的影響。從五世紀左右開始，以光宅寺法雲的《法華義記》為首，寫就了許多的注釋書；智顗（538～597年）根據《法華經》組織天台宗，後來也成為日本佛教的主流之一。

　　在中國與此種教學傾向有別的，另外還有行動派的《法華經》信徒。仿照第二十三章〈藥王菩薩本事品〉的本文，

第二十三章等顯然是附加的部分。在天台的解釋中，將《法華經》分成兩個部分，前半是從現實出發，逐漸到達高處，所以是「迹門」（垂迹）；後半講述永恆的佛陀本身，所以是「本門」（本地）。在此乃從本文批評的立場，作如上的說明。

❹ 現存最古老的資料是譯者不明的《薩曇分陀利經》，或許是紀元220年以前的譯作。以〈提婆達多品〉為主體，是獨立的經典。

❹ 相傳此書為龍樹的著作，不過仍有爭議，此點已如先前所述（143頁），而其引用《法華經》的部分有十幾處。

將自己的指頭、手腕或者全身投入火中，稱作「燒身供養」
的實例，從南北朝開始到宋代的數世紀間都有記載。日本奈
良時代也有這種例子。

　　在日本，以傳說是聖德太子所作的《法華義疏》為始，
就有許多的研究書籍，但傳教大師最澄以來，依據天台所作
的解釋最為一般人所接受。與此並行發展，依據通俗信仰形
態的法華行者，在奈良和平安時期活躍於民間。日蓮可以說
是綜合《法華經》的教學與實踐兩方面的人。從此部經典的
本文所推知的印度《法華經》團體的行動性，可說是再現於
日蓮以及踵繼其流的新興教團中。

淨土教經典

聽聞無量光的名號，
一日乃至七日間，
一心不亂地念誦，
臨終時無量光佛們將前來相迎，
可往生彼極樂國土。

淨土信仰的起源

在東亞說到淨土教，似乎一定是指阿彌陀佛極樂世界的信仰，但在阿彌陀教成立前，曾歷經以下的準備階段。

第一、釋迦牟尼的出生地，自古就有過去佛的信仰，他
　　　被認為是比較近的系列當中的第七位。

第二、釋迦牟尼佛的弟子當中，英年早逝的天才彌勒⑲，
　　　被預言是下一個即將出現的未來佛。

第三、在其他諸世界，也分別有佛陀出現的信仰產生。
　　　這些世界的構造是依據民間信仰的神話世界觀⑳

---

⑲ 彌勒(Maitreya)是釋迦牟尼的弟子之一，是真實的人物，曾被預言是下一位出世的佛陀。此未來佛的信仰，顯然比他方佛國土亦有佛陀的信仰更為古老且更為廣泛，係北傳佛教與南傳佛教所共通的。直至今日，這個信仰在東亞也很興盛；但是即使在日本，中世以後，阿彌陀信仰也凌駕於彌勒信仰之上。參照拙著《愛と和平の象徵・彌勒經》（筑摩書房出版）。

⑳ 從《長阿含經》的《遊行經》與其異譯，以及巴利語《長部》的第十七經《大善見王經》(Mahā-sudassana)等看來，其中已經有由金銀寶石做成的樹、七重欄楯以及由寶石做成的池子和階梯，注滿了理想的水等描述。即使在此部經典的異譯中，被視為更古老的白法祖譯本（300年左右）《佛般泥洹經》卷下（《大正藏》一・一六九以下）中，也已經有此敘述了。屬《長阿含經》的《世記經》是一部詳細描寫神話世界的經典，其中已經提及七重牆、七重欄楯、七重羅網、七層行樹、池底散滿金砂、池的四邊有梯陛、開滿如車輪

構想出來的。

第四、在諸佛國土中，最初是東方的阿閦(Akṣobhya)❺最
佔優勢，但不久之後，西方的無量光就取而代之。

第五、 無量光(Amitābha)佛陀不久就成為無量壽(Ami-
tāyus)，強調其不死性。

《無量壽經》

東亞阿彌陀教以所謂的「淨土三部經」為根本聖典，即
《無量壽經》（通稱《大經》）、《阿彌陀經》（通稱《小經》）
以及《觀無量壽經》（通稱《觀經》）三者。從年代來看，被
認為就是依照此順序成立的。嚴格來說，這三部經典的內容
稍有差異，應該是在不同背景下成立的。以下擬就被視為根

般大的青、黃、赤、白、雜色的花朵。池水清、冷、澄、淨、無穢；
有各種鳥在鳴叫。這些記述反覆出現在這部經典中。此部經典的另
一譯本《大樓炭經》（《大正藏》一·二七七以下）也是在紀元300
年左右譯出。這是描述所謂神話世界時的類型，後來為阿毘達磨論
書（小乘部派的哲學書）中的《世間施設論》（現存只有藏譯）所
繼承。《俱舍論·世間品》的記載不過是《施設論》的歸納。又請
參照上述111、142頁。

❺ 有關阿閦佛的說明，詳見147年來到中國的支婁迦讖所譯的《阿閦
佛國經》等，在東方妙喜(Abhirati)佛國土中，發願、修行、成道，
彼處同時成為理想的世界。相信此本願而修菩薩行者可以往生彼
處。此信仰也流行於東亞。又請參照上述140、141、174頁。

本的《大經》來考察。

　　所謂《大經》除梵語原典和藏譯外，還現存有五種漢譯。
梵語本全部都是尼泊爾系的寫本，都是屬於近代的。漢譯本
依其翻譯年代，分別略稱為漢譯（147～186年）、吳譯（223
～228年）、魏譯（252年）、唐譯（706～713年）、宋譯（980
年）。其中，魏譯《無量壽經》在信仰上被廣為讀誦與研究，
但在考察這部經典的成立時，漢譯與吳譯最為重要。

　　昔日，世自在王如來時，一位名叫法藏的出家修行者，
發願要在將來成為佛陀，他習知許多佛國土的情況，從那當
中汲取所長❷，發願❸依此建設自己的理想淨土。其誓願成就，
現在西方有名為極樂（sukhāvatī，安樂）的佛國土，法藏菩
薩在那裡成為阿彌陀佛。對彼國土的描寫是此部經典的主要
部分，其一一項目大體與前述的誓願相應。

　　接著，敘述有關無量光佛陀的壽命。根據古二譯，只說
壽命極長，最後入滅；而後觀世音繼之成佛，再接下來的是
大勢至，但這些在魏譯以下已經被省略。因為有此變更，誓
願的項目（漢譯第十四、吳譯第十九、魏譯第十三）也就隨
之有了一些變化。亦即，在古二譯中，是說「即使人人努力

---

❷ 法藏考究了既存的許多佛國土的優缺點，歷經了非常久遠的「五劫」
　時期；此記述出現在魏譯以下，但古二譯無此記載。
❸ 古二譯都是二十四願，但順序和內容稍有不同。魏譯和唐譯是四十
　八願，梵本和藏譯本也大致接近此數，但宋譯則變成三十六願。在
　同一阿彌陀教當中，也有一些分派。

計算，也不能窮盡。」相對於此，魏譯以下只作「不能窮盡」，
最後產生了「無量壽」的觀念。

《大經》的後半，主要討論眾生如何往生無量光佛陀的
淨土。

往生無量光的佛國土，按照自己的功德大小，有以下「三
輩」（三種類別）的區別。❺

「最上第一輩」離開家庭、捨妻離子、斷除愛欲、成為
修行者、修行菩薩道、遵守六波羅蜜。一定不可以有性交的
行為。如此，至誠地念願往生無量光的佛國土，如果至心常
念恆不斷絕，就可以在夢中見無量光佛陀及其弟子，臨終時
接受他們的迎接，化生彼佛國土七寶水池的蓮花中，親近無
量光佛。

其次，「中輩」是不能出家者，受戒、行布施、相信佛陀
的教法、供養出家眾食物、造寺、建塔，供養香、花、燈明
和裝飾。此種人即使往生無量光佛國土，五百年間不能見佛
聞法。

最後，「（第）三輩」不及前二輩，惟能斷除愛欲、慈心、
精進、不發怒、齋戒清淨，當其一心念欲往生，即可往生彼
佛國土，五百年後始能到達無量光佛的面前。

以上的「三輩」是個標準，但行不殺生等十善、斷除愛

---

❺ 在此，魏譯有「正定聚」、「聽聞名號」、「信心歡喜乃至一念」、「至
心迴向」等的問題，這些為日本阿彌陀教所特別重視的項目，並沒
有出現在古二譯中，經文直接就進入以下「三輩」的記述。

欲、十日十夜乃至一日一夜間齋戒清淨而念往生者，都能往生無量光佛國土，最後就能成為上述的第一輩。

以上的「三輩」之文大致上也出現在魏譯，在此，宗教儀式的義務（供養）與倫理的要求（功德、持戒）轉弱，代之而起的是信仰的感情（信心歡喜、至心迴向、至誠心）。相當於「十日十夜」乃至「一日一夜」的地方被改為「十念」乃至「一念」，「中輩」和「第三輩」的五百年等待期間❺，從此被刪除了，魏譯之後的唐譯、宋譯，完全沒有「三輩」的記述，因此阿彌陀教是逐漸往此方向發展。

《大經》接著讚賞出生在無量光佛國土的人們，在物質上和精神上都活得很充實，並說明相較之下，此世間的人們耽溺於愚癡和惡事，自己造成不幸（三毒、五惡）。於是，勸導仁慈、博愛、忍辱、精進、禪定、智慧。

接著，應聽眾的要求，無量光佛及其佛國土出現在眾人眼前。

順帶又以我們這個世界為首，舉出十四個佛國土名，並且說不只是這些世界，所有佛國土的人們都可願求往生無量

❺ 在之後的一節，無量光與其佛國土出現在這些聽眾面前。根據魏譯與唐譯，其中的「胎生」者雖然出生於彼佛國土，但須有五百年的等待期間。這些都是對於教法有疑惑者，雖然好不容易因善行的酬報，往生佛國土，但是卻不能馬上見到佛陀，聽聞說法。這就如同被幽禁在豪華宮殿的一室，生活無虞的王子。借用古二譯中有關第二輩、第三輩的記述（特別將焦點放在疑惑上），用作強調信心的手段。

光佛國土，本經由此進入尾聲。

《阿彌陀經》

　　以《阿彌陀經》之名而為人所知的《小經》，一般讀誦的是鳩摩羅什的漢譯，此外也有玄奘的譯本《稱讚淨土佛攝受經》。梵語原典是以悉曇文書寫的寫本，九世紀以來的寫本在日本被保存、書寫，1880年在英國出版。另外，也有藏譯。

　　《阿彌陀經》是《大經》的縮略：㈠關於極樂世界的描寫，說到有七重欄楯、羅網、行樹、七寶池、八功德水、金沙、四邊的階道、樓閣、如車輪般大的青黃赤白蓮花、天上的音樂、花雨、珍鳥等；㈡那裡沒有三惡道（地獄、餓鬼、畜生）；㈢佛陀的光明是無量的；㈣佛陀與人民的壽命也都是無量的；㈤成佛以來，經過十劫；㈥弟子也是無數的。

　　接著，㈦聽聞彼佛國土者發願；㈧聽聞無量光的名號，一日乃至七日間，一心不亂地念誦，臨終時無量光佛們將前來相迎，可往生彼極樂國土。

　　㈨現在在此世界，釋迦牟尼佛讚賞無量光佛，同樣地，在東西南北上下的各個佛國土中的佛陀，也都加以讚賞；㈩於是，以讚美此部經典作總結。

　　這部《小經》是在《大經》開展後，達到某個階段的摘要，雖然簡短，但並不是先成立的。由於經中沒有記述法藏菩薩的本願等，而被認為是在預設有《大經》後才歸納而成的。

《觀無量壽經》

　　在被稱為「淨土三部經」的經典當中，《觀無量壽經》是東亞阿彌陀教成立時最重要的資料。

　　這部經典顯然是預想有《大經》而作成的，文中也有出現「法藏菩薩的四十八願」一語，因此已經知道有魏譯《大經》（的原本）。

　　梵語原典和藏譯都已不存，雖然現存有回紇語譯的一葉斷片，但是被認為是根據漢譯譯出的。漢譯只有一本，是西域人畺良耶舍在五世紀初期譯出。

　　《觀無量壽經》屬於被稱為「觀經」❺一類的經典。漢譯現存的「觀經」有東晉佛陀跋陀羅(Buddhabhadra)譯《觀佛三昧海經》、劉宋曇摩蜜多(Dharma-mitra)譯《觀虛空菩薩經》、《觀普賢菩薩行法經》、劉宋沮渠京聲譯《觀彌勒菩薩上生兜率天經》，以及此《觀無量壽經》，除此之外，據說《觀世音觀經》與《觀藥王藥上二菩薩經》也曾經存在。

　　《觀無量壽經》的主角是韋提希，她是摩竭陀國的頻婆娑羅王的妃子，亦即阿闍世王的生母。這部經典述說了如下的故事。

　　阿闍世王受到提婆達多的挑撥，將父王頻婆娑羅幽禁起

---

❺ 與「觀經」有關連而應該考察的有《般若三昧經》（現存漢譯四本及藏譯之外，還有梵語原典一葉）。

來。韋提希用牛奶和蜂蜜把穀粉塗在身上，把果汁倒進裝飾
用的寶石裡，去見國王，讓國王食用。佛陀的弟子應老國王
所願，前來為他說法。

　　阿闍世王聽到這個消息非常生氣，也將母親幽禁起來。
韋提希向佛陀祈願，佛陀就帶著弟子們出現在她面前。韋提
希說想要看看沒有痛苦的世界。佛陀為她示現十方諸佛的淨
土。在那些淨土當中，王妃特別想往生阿彌陀佛的極樂淨土。
就在那瞬間，從佛陀口中發出五色的光芒，照映到頻婆娑羅
王的頭頂，老國王瞬間就已經快接近聖者的境地。

　　佛陀接著教導韋提希往生西方極樂的方法，即修行「三
福」：孝養父母、十善等道德方面的善；皈依佛、法、僧三寶
的宗教心；追求大乘覺悟的修行。更進而說十六個觀想方法，
此乃經典主要的核心。

　　十六個當中最初的十三個，第一是從日落的觀想開始，
詳盡地觀察阿彌陀佛、觀世音與大勢至二菩薩，以及極樂世
界的相貌等。包括每一個日、水、地、樹、八功德水、寶樹、
寶地、寶池、蓮花等。這些項目基本上與前面說明過的《無
量壽經》和《阿彌陀經》等大致相同，但是現在這部經典的
一個特色是一再出現「八萬四千、八十億、六十億、五百億、
百千萬億」等巨大數字。《無量壽經》中多少已經有這個傾向，
但是並沒有這麼顯著。羅列出巨大數字的特色也見於其他的
「觀經」，這是「觀經」的共通性，一種從現實世界游離出來
以達至空想的飛躍之手段。

　　其中第十三觀的文中，說：「若欲至心生西方者，先當觀於一丈六（一丈六尺）像在池水上……阿彌陀佛……或現大身滿虛空中，或現小身，丈六、八尺。」（由此可知信奉此部經典的團體曾製作佛像並對其禮拜。而且，還明示其高度為「丈六」或「八尺」。但僅就高度這一點來說，或許可以認為《觀無量壽經》信仰盛行的地方，應該和建造出現存於阿富汗的巴米揚(Bāmiyān)峽谷的五十三公尺和三十五公尺等巨大佛像的佛教文化，沒有什麼關係。）

　　在十六個觀想當中，最後三個是將往生阿彌陀佛淨土的方法分為上品、中品、下品三類加以說明，更進而細分為上生、中生、下生，所以實際上有九種類（九品）。此三品的想法顯然是根據《無量壽經》中的「三輩」，但在此《觀無量壽經》中，毋寧說是以信心為首要。如果分成《大經》的古二譯，《大經》的魏譯，以及《觀無量壽經》三階段來看，其變化就很明顯。

　　第一、在古二譯中，根據佛教正統派的思考方式，只說「三輩」。

　　第二、到了魏譯，附加「聞名號，信心歡喜，乃至一念，至心迴向……」一段作為「三輩」的前文。

　　第三、到《觀無量壽經》時，更進一步，將魏譯本前文的部分編入在「上品上生」的本文中。因此，「發至誠心、深心與迴向發願心三心者必能往生」也就被放在最前頭。但由於也不能完全無視自古就有的想法，所以在同樣的「上品上

生」一文中，接著又說「復有『三種眾生』」，「一是……戒行，二是誦讀大乘……經典、三是思念（佛、法、僧、戒、捨〔布施〕、天〔諸神〕六者的修行）。

　　從經典的成立來說，能夠守戒、閱讀經典、實踐佛教的修行是最高者（上品上生），作惡者是劣等（下品下生），這些階級差別在《觀無量壽經》中也很明顯。

　　再者，從上品上生到下品下生間，往生極樂的方法也有上下的區別。上品上生者臨終時，阿彌陀佛帶著許多菩薩前來相迎。但是對下品上生者，阿彌陀佛只有派遣使者前來，自己並不出面；而且縱使往生而化生在蓮花中，有四十九日也會被禁閉在蓮花裡。到了下品中生與下品下生者，不被迎接，而且必須經過長久的等待。唱念「南無阿彌陀佛」名號，這時才出現在下品上生。「南無阿彌陀佛」此文句並未出現在《大經》與《小經》中。

　　《觀無量壽經》的主要部分「十六觀」在闡明上述的上品上生到下品下生後結束。聽到這些說明的韋提希王妃大為歡喜，而持守堅定的信仰；五百位侍女們也都發願往生彼佛國土。如是，以經典的命名，結束全卷。

影　響

　　在中國和日本，名為「淨土三部經」者，原來並不是有計畫地一貫製作而成。像其他佛教團體的經典一樣，這些經

典是在信仰無量光佛陀的團體裡，因個別機緣而被製作、改訂、傳承的；中國在某個時期將其總稱為「三部經」。即使在阿彌陀教團之中，似乎也因時代和地區之別而有小的分派。在漢譯中，偶然被擺在一起的三篇，就細部而言，彼此也有矛盾和不統一之處，但是作為宗派的淨土教稱此三篇為「三部經」，視為根本聖典。實際上，以中國的曇鸞、道綽、善導為首，而到日本的法然，也都是以《觀無量壽經》（特別是其下品下生的往生部分）為所依的。親鸞稱《大經》的第十八願為「至心信樂願」，特別重視它；但是若無《觀無量壽經》裡始出現的對阿彌陀佛像的禮拜及「南無阿彌陀佛」的唱名念佛，則親鸞一派的他力信仰也不能成立。

密教經典

相對於小乘、大乘，有第三種立場，即密教。
但是，密教只是更深化大乘的方法而已，
兩者間的差異很微妙。
密教更強調現實與理想之間的同一性，
重視冥想的意義。

何謂密教

　　第一、傳統出家僧眾們從釋迦牟尼佛所說的教法中，編輯、擴充所謂的「小乘」經典。其思想是將世間的現實狀態看作不圓滿，人們必須超越、脫離此現實狀態，才能到達理想的狀態（涅槃）。因此，須壓抑現世的欲望，以超世俗的出家修行為中心。

　　第二、包括在家信徒在內、範圍廣大的教團在各地所展開的運動，名為「大乘」。其思想乃是藉由批判現實，正確地認識其本質以實現理想。其中，批判的精神極強，所以要在「緣起」的根底中見空（般若的智慧）。同時，嚴格地反省我們所置身的現實領域，不能容許只有自己一個人得到救濟；強調要修菩薩行，與眾生一起受苦，一起努力，重視救濟萬物的實際手段（方便）。《維摩經》中所說的「智慧的波羅蜜多是菩薩之母，方便是父」（智度菩薩母／方便以為父）就是這個意思。再者，大乘把身為人的佛陀看作是宇宙精神（法身、真如）的化身，認為我們每一個人的內在都與此絕對精神相關聯，或者毋寧說，我們的本質不外就是那個絕對精神（如來藏）。再者，大乘經典是從冥想禪定的立場來敘述的，因此縱然使用的是日常用語，也常常具有象徵的意味；以奇蹟(mythos)的真實演出，代替論理(logos)的宣說。因此，若只依照文字表面的意思解釋，常常難以理解真意。

　　相對於小乘、大乘，另有第三種立場，即密教。而密教只是更深化大乘的方法而已，兩者間的差異很微妙。密教更強調現實與理想之間根本的同一性，重視冥想的意義，因此也就更貫徹象徵主義。

　　從外部來觀察密教，最引人注意的就是象徵主義。例如，禮拜各式各樣的佛像——包含女身像，甚至是怪誕、奇形怪狀、猥褻的——唱誦不可解的咒文，舉行奇妙的咒法。也有人嘆息道：清淨的小乘修行與高深的大乘哲學到哪裡去了呢？實際上，這種象徵主義墮入膚淺的——有時是令人鄙視的——迷信的實例，都曾出現在印度、東亞和西藏。

　　其實，這是一切神秘思想的共通現象。從最崇高到最卑下的一切可能性都包括在其中。

　　密教在印度，從四世紀初左右❺開始活動，八世紀時進入興盛期。接近阿富汗的西北地方，東方的孟加拉(Bengal)，南方的案達羅是主要據點，中觀派與瑜伽派的哲學家們同時也是密教的阿闍梨。

　　密教並非只是迷信，而是具體表現出「泛佛論」的高層次宗教形態，藉由以下的規定獲得確保，亦即密教必須由被稱為阿闍梨的有資格者，藉著秘儀的傳授，直接傳給正統的繼承者。密教中甚至說離開師徒關係的抽象學習是有害的。

---

❺ 舊說主張密教起源於七世紀以後，這是錯誤的。有關新的研究和文獻，參照M. Eliade: *Yoga-Immortality and Freedom*, New York, 1958, pp. 200–273, 399–414.

不論在印度、東亞或西藏，只有完全修習過一般的佛教哲學（顯教）者才被允許修習密教。

　　然而，密教運動興起的同時，印度教也興盛起來（耆那教也興盛到某種程度），在禮拜佛像、印契❸、咒文❺和曼荼羅❻等形式上，有很多共通點。但是，佛教的密教其特質在於主張外表與精神的一致，強調教理與儀式的內在關連性。只看到形貌卻不知道意義，或者只重視教義卻無視於儀式，都不是密教所允許的。

　　《大正新修大藏經》第十八卷起的四卷是「密教部」，其分量大致如之前所介紹的「般若部」。西藏大藏經中有關密教的部分，遠比其他經典要多得多。從尼泊爾和西藏也發現許多梵語原典，並有出版。

《大日經》

　　在全部的密教經典中，最為人所熟知的是《大日經》，全名為《大毘盧遮那成佛神變加持經》。漢譯是由印度人善無畏

---

❸ 印契：仿照佛陀的各種形貌，主要是以十指屈伸交叉成各種形狀。

❺ 咒文：也稱為真言。以音節的結合象徵性地表現佛陀的精神內容。因為是冥想的方法之一，所以不考慮意義，只將注意力集中在音聲上。

❻ 曼荼羅：象徵宇宙的圖示，以圓和直線來作區分，以大日如來為中心，再配置各種尊像。描繪在畫布上所謂的「現圖曼荼羅」，由金剛界和胎藏界二部分構成。

(Śubhakara-siṃha)及其助手一行，於725年譯出。據說其底本是從中國到印度那爛陀留學、客死異鄉的無行的手寫本。原典現已不存。雖然有藏譯，但是與漢譯本有些不同。

在漢譯中，到第六卷第三十一章大體上是結束了，第七卷的五章是補充的。藏譯分為三十六章，沒有相當於漢譯第七卷的部分，但是另外加入有關護摩等諸章。第一章〈住心品〉，述說有關教理的部分，第二章以下，則是敘述以曼荼羅為首，咒文（真言）、印契等儀式的部分。就密教的立場而言，兩者不可分離，但是在此為了方便，只看一下前者。

《大日經》的主角是一名為大毘盧遮那的佛陀。此名稱與《華嚴經》的主角一樣，是法身。在《華嚴經》中，因為法身是絕對者，所以自己不開口，只是令菩薩代為發言。但是密教主張：就因為法身是絕對者，所以才進而說法。在此，絕對者可自由活動，而現實的活動本身不外就是絕對者。只不過，絕對者的話語大多是象徵。

大毘盧遮那佛陀居於「如來加持廣大金剛法界宮」中。聚集在彼處的「持金剛者」❻❶之一的執金剛秘密主，詢問佛陀的「一切智（者的）智」。所謂「一切智者」就是佛陀，其「智」就是佛陀覺悟的內容。這就是整部《大日經》討論的問題。對於這個問題，回答是「以菩提心為因，以悲為根本，以方便為究竟。」

---

❻❶ 「持金剛者」和大乘經典中的菩薩一樣，侍奉佛陀，與佛陀對答，代替佛陀說法。手握象徵真理的「金剛杵」（具武器形狀的法器）。

　　如上述，以佛陀的覺悟為理想而努力的決心稱作「菩提心」；「悲」是悲憫、救濟一切眾生的心；將此悲心付諸實行的方法稱為「方便」。這三點是《大日經》的骨幹，在這個範圍內，與其他的大乘經典並無不同。但是值得注意的是，其特色在「以方便為究竟」❷這一點。一般而言，方便只是個手段，因此很容易被認為是權便。但是，密教的立場則認為方便才具有最高的意義。

　　接著，說明所謂「菩提心」即「如實地知道自心」（如實知自心）。之後，繼續就兩方面來解釋何謂「心」，首先，從如動物般為本能驅使，盲目地追求滿足慾望的階段說起；以由種子長出芽，來譬喻心志向於善行，漸次敘述心朝向宗教的過程。另一方面，列舉善心、惡心等種種相貌，藉由觀其為空，以悟得心是本性清淨的。

　　以上是《大日經》第一章〈住心品〉的內容，以此為基礎，在第二章以後，解說密教實踐層次上的儀式。

　　在印度寫就的二種《大日經》的注釋，現存有藏譯本。在中國，有承漢譯者善無畏之意，由一行所記的《大日經疏》（《大毘盧遮那成佛經疏》）二十卷及其修正版《大日經義釋》十四卷，日本的真言宗依據前者，天台宗則依用後者。《大日經》在奈良時期已傳入日本，空海就是在閱讀此經後，立志

---

❷ 上述一文為《修習次第》（Bhāvanākrama）此一論書所引用，有梵語原文。據此，「究竟」的原文是「paryavasāna」，亦即「最頂點」、「絕頂」、「窮極」之意。

到中國留學；而真言宗最重視此經。

《理趣經》

只憑外觀是無法分辨密教經典的。廣義而言，甚至可以說任何經典都可用密教的(esoteric)方式去理解。其中，《般若經》在思想上也與密教有密切關係，所以在屬於《般若經》的經典當中，當然可以發現典型的密教經典。

不空在763～771年間所譯出的《大樂金剛不空真實三摩耶經》中，有《般若波羅蜜多理趣分》這樣的副標題，通稱《理趣經》；和玄奘譯《大般若》第十部〈般若理趣分〉是同類的本子，但仍有許多不同。其他還有四種漢譯，雖然都很類似，但並非同本。在中亞曾發現一本梵語原典的寫本，但沒有標題。雖然此寫本主要的部分是梵語，但是敘述這部經典之功德部分的七節則被譯為于闐語。或許在那個地方是如此讀誦的。再者，藏譯的經名為《聖般若波羅蜜多理趣百五十頌》，比漢譯更接近梵語本。無論任何，有好幾種類似的經典在流傳，而漢譯《理趣經》在某種意義下可以說是獨特的。

《理趣經》的主角是法身大毘盧遮那佛陀，講說藉著般若智而得的現實肯定。本經並不否定人類的愛欲和欲望的弱點，在原初本然的狀態下，對愛欲和欲望做價值轉換時，萬物在本質上是無染污（一切法自性清淨）的觀點就會變得很清楚了。在本質上，是靜寂的（寂靜法性），超越分別思慮的

（無分別──無戲論）。因此，愛欲、憎恨、無智，都在其應有的分際處獲得肯定。在此（如在許多宗教文學中所見的），絕對的體驗被比喻為性的歡愉，也被稱為「適悅」或者「大樂」。接著，有各種神與女神出場，讚嘆此說法。

最後，稱讚菩薩的利他活動，結束本經。具詩的形式的「百字偈」，可以說歸納了《理趣經》的大意。

菩薩勝慧者　　乃至盡生死
恆作眾生利　　而不趣涅槃

（殊勝的菩薩眾只要停駐在生死世界，就會為謀眾生的利益，而不入滅。）

般若及方便　　智度悉加持
諸法及諸有　　一切皆清淨

（依於智、方便與般若波羅蜜的力量而成立，所以一切存在都是清淨的。）

欲等調世間　　令得淨除故
有頂及惡趣　　調伏盡諸有

（調制駕御欲望等者，帶給世間清淨，能隨心所欲地調

伏所有徘徊於生死輪迴間的眾生。)

如蓮體本染　不為垢所染
諸欲性亦然　不染利群生

(紅蓮花從一開始，即帶有顏色，並不是被染污而變成
如此的。同樣地，在生死輪迴間，並不是為愛欲等所染
污，所以就其原來的樣子，就可於世有益。)

大欲得清靜　大安樂富饒
三界得自在　能作堅固利

(藉著大欲望而清淨，藉著大安樂而富饒，在一切世界
中都自由自在，能確實達成目的。)

之後，一切佛陀和菩薩們聚集在一起，大毘盧遮那讚賞
聽聞《理趣經》的金剛手菩薩「善哉、善哉」，並在此結束本
經。

如果就《理趣經》有許多類似的本子這點來看，其分布
範圍必定很廣。本經在中亞的于闐地方也廣為閱讀，這點可
以從梵語與于闐語交雜的寫本中推測得知。日本的最澄和空
海都有傳入不空的譯本，真言宗平常在大法會時也讀誦此經。
從本經的內容肯定現實這點來看，會被理解為是承認欲望等；

特別是用性行為來作比喻這一點等，有時也會被不熟悉者誤解。但值得注意的是：這部經典明確地點出了密教的本旨「即身成佛」的思想——人的存在本身就是理想的狀態。

文獻指南

◎彙集完成的，總稱為「大藏經」、「藏經」、「一切經」等。最完整的版本略稱為《大正藏》，亦即

1. **大正新修大藏經**　八五卷（另有昭和法寶目錄三卷）　大正新修大藏經刊行會

其中最初的二十一卷是「經」。昭和九年（1934年）時完成。再版中。

2. **大日本校訂大藏經**　四〇帙四一八冊、日式裝訂。

通稱《縮刷大藏經》，明治十八年（1885年）完成。網羅了主要的經典，有經校訂。雖然罕見，但有時會有舊書出現在市面上。

◎以漢文讀解方式施注於漢譯者，主要有以下二種：

1. **國譯一切經**　印度撰述部　一五五卷　人束出版社

其中六十七卷是「經」，除重譯的部分，包括了全部的經典。昭和十一年完成。正準備再版。

2. **國譯大藏經**　經部（也收錄原漢文）　一四卷　國民文庫刊行會。

只選取主要的經典。大正八年完成。雖不常見，但市面上有時會出現舊書。

◎以下是現代日文語譯的代表作。

中村元編・佛典Ⅰ、Ⅱ（收錄於《世界古典文學全集》中）　筑

摩書房　昭和四〇〜四一年。

◎個別的經典，包含漢文、漢文讀解文以及現代日文語譯的，有岩波文庫出版的《般若心經》、《金剛般若經》、《法華經》（只有上、中冊，下冊近日出版）、《淨土三部經》（上、下）。此外，各宗派也出版各種版本。

◎巴利語聖典是由英國巴利聖典協會(Pāli Text Society)所出版的原典以及英譯。也有巴利語英語辭典。
在日本，巴利語聖典全部都已譯成日文並出版，即：
南傳大藏經　六五卷、七〇冊　大藏出版株式會社
昭和十六年完成，現在仍可在舊書市場找到。以上所舉的中村元編・佛典Ⅰ中，也包含譯自巴利語的翻譯。岩波文庫《佛陀的話語——經集》（ブッダのことば——スッタニパーター）也是巴利文經典的譯本。

◎與漢譯同為聖典的集大成之作的西藏大藏經，於日本的大學、研究所等處收藏有其奈唐版和德格版，而目前已完成並在市面上出售的版本則是北京版的寫真複製品。
影印北京版西藏大藏經　一五一卷　西藏大藏經研究會編輯
　東京　鈴木學術財團出版
昭和三三年完成，接著出版《總目錄・索引》一卷。再者，也有如下德格版的總目錄。

西藏大藏經總目錄　東北帝國大學收藏版　昭和九年

◎梵語原典向來都是在各國個別出版，但最近，印度出版了如下
的大系本，共二五卷，大致已經完成。

Buddhist Sanskrit Texts, edited by P. L. Vaidya, published by The
Mithila Institute, Darbhanga.

本書中提及的經典的原典幾乎都有收錄，也可分冊購買。

俄羅斯在革命前後出版的*Bibliotheca Buddhica*已經絕版，但近年
"Indo-iranian Reprints" edited by the Editiorial Board of the Indo-
iranian Journal, Mouton & Co.,'s-Gravenhage，在荷蘭再版。個別
的經典在歐美各國、印度、日本等地也都有出版。有關此訊息，
可參考以下這本書。

山田竜城・梵語佛典的諸文獻　平樂寺書店出版　昭和三四
年

◎下列這本整體性介紹佛教聖典的書也很方便。

新・佛典解題事典　春秋社刊　昭和四一年

本書以全體聖典的概觀為始，進而列舉個別聖典內容的解說、原
典、漢譯、和譯的出版，甚至於主要的研究論文，所以既適合研
究者，也適合一般讀者。

◎此外，佛教文獻的解說書方面，列舉以下的新舊二書為代表。

1. Winternitz, M. : *Geschichte der indischen* Literatur, Bd. 2.

Leipzig 1920.（日譯、中野義照・大佛衛《印度佛教文學史》
丙午出版社出版　大正十二年。正在計畫改譯）

2. Renou, L. et Filliozat, J. : *L'Inde classique*, t. 2. w. Paris-Hanoi
1953.（正計畫譯成日文）

◎專門研究的論文、著作及其目錄自1930年以來，在法國不定期
出版。其中，最新的是以下這本。

Bibliographie bouddhique XXVIII–XXXI — Mai 1954-Mai 1958,
363 pp., Paris 1961.

「人類如何去信仰」與「人類信仰什麼」
是同樣重要的問題……

從「媽祖回娘家」的三牲五果，到伊斯蘭的齋月禁食；

從釋迦牟尼的菩提悟道，到耶穌基督的流血救贖；

多元的宗教是人類精神信仰的豐富展現，卻也是人類爭戰不息的原因。

然而，真正的多元化是建立在社會群眾彼此寬容及相互理解的基礎之上，

「宗教文庫」的企圖，

就是提供各種宗教的基本知識，以做為個人或群體認識各個宗教的管道。

畢竟，「人類如何去信仰」與「人類信仰什麼」是同樣重要的問題，

藉由這套叢書多樣的內容，

我們期望大眾能接觸多元的宗教知識，從而培養理性的態度及正確的信仰。

頓悟之道——勝鬘經講記　謝大寧／著

你不是去信一尊外在的佛
而是去信你自己的心

如果眾生皆有無明住地的煩惱，是否有殊勝的法門可以對治呢？本書以「真常唯心」系最重要的經典——《勝鬘經》來顯發大乘教義，剖析人間社會的結構性煩惱，並具體指出眾生皆有如來藏心；而唯有護持這顆清淨心，才能真正斷滅人世煩惱，頓悟解脫。

唯識思想入門　橫山紘一／著　許洋主／譯

從自己存在的根源除去污穢
而成為充滿安樂的新自己

疏離的時代，人類失去了自己本來的主體性，並正被異化、量化為巨大組織中的一小部分，而如果罹患了疏離感的現代人不做出主動且積極的努力，則永遠不得痊癒。唯識思想的歷史是向人類內心世界探究的歷史，而它的目的就在於：使人類既充滿污穢又異化的心，恢復清淨及正常的本質。

改變歷史的佛教高僧
于凌波／著

大法東來，經典流布
佛門龍象，延佛慧命

佛教的種子傳入中國之後，所以能在中國的土壤紮根生長，實在是因為佛門高僧輩出。他們藉由佛經的翻譯及法義的傳播來開拓佛法，使佛教蓬勃發展。當我們追懷魏晉南北朝時代的佛教及那個時代的高僧時，也盼古代佛門龍象那種旺盛的開拓精神可以再現，為佛法注入新的生命。

伊斯蘭教與中國社會
葛壯／著

堅定信仰真主的力量
成為優越奮發的穆斯林

曾經有一個虔誠的穆斯林說：「如果我信仰真主，當然是我優越，如果我不信仰真主，這條狗就比我優越。」就因為穆斯林們的堅定信仰，使得阿拉伯的伊斯蘭文化不斷地在中國各地傳播，並與中國各朝代的商業、政治、文化及社會產生了密切的互動。且讓我們走進歷史的事蹟裡，一探穆斯林在中國社會中的信仰點滴。

從印度佛教到泰國佛教 宋立道 / 著

一尊獨一無二的翡翠玉佛
一段古老而深遠的佛教傳播

南傳佛教歷經兩千餘年的發展,堅定地在東南亞大陸站穩腳跟,成為當地傳統文化的主流,不僅支配人們的道德觀念、影響人們的生活情趣,更成為泰國政治意識型態的一部分。藉由玉佛的故事,且看一代聖教如何滲透到東南亞社會的政治、歷史與文化各方面,以及宗教在人類創造活動中的偉大作用。

印度教導論 摩訶提瓦 / 著 林煌洲 / 譯

若可實踐正確之身心鍛鍊
則真實之洞見將隨之而生

由正當的語言、思想及行為著手,積極地提升自己的內在精神,寬容並尊重各種多元的思想,進而使智慧開顯豁達,體悟真理的奧祕,這就是印度教。印度教強調以各種方法去經驗實在及實踐愛,而這正是本書力求把印度教介紹給世人的寫作動力。藉由詳盡的闡釋,本書已提供了一條通往永恆及良善生活方式的線索。

國家圖書館出版品預行編目資料

佛教經典常談／渡辺照宏著；鐘文秀，釋慈一譯；陳
　一標校訂. － －初版一刷. － －臺北市；東大，2002
　面；　公分－－(宗教文庫)
參考書目：面
ISBN 957－19－2720－1　(平裝)

　1.藏經－研究與考訂

221.01　　　　　　　　　　　　　　　91012962

網路書店位址　http：//www.sanmin.com.tw

ⓒ　佛教經典常談

著作人	渡辺照宏
譯　者	鐘文秀　釋慈一
校訂者	陳一標
發行人	劉仲文
著作財產權人	東大圖書股份有限公司
	臺北市復興北路三八六號
發行所	東大圖書股份有限公司
	地址／臺北市復興北路三八六號
	電話／二五〇〇六六〇〇
	郵撥／〇一〇七一七五－－〇號
印刷所	東大圖書股份有限公司
門市部	復北店／臺北市復興北路三八六號
	重南店／臺北市重慶南路一段六十一號

初版一刷　西元二〇〇二年八月
編　號　E 22074
基本定價　參元陸角
行政院新聞局登記證局版臺業字第〇一九七號